Quick Guide

Reihe herausgegeben von
Springer Fachmedien Wiesbaden
Wiesbaden, Deutschland

Quick Guides liefern schnell erschließbares, kompaktes und umsetzungsorientiertes Wissen. Leser erhalten mit den Quick Guides verlässliche Fachinformationen, um mitreden, fundiert entscheiden und direkt handeln zu können.

Paul Steiner

Quick Guide Multisensorisches Marketing

Wie Sie mit allen Sinnen Ihre Marke stärken

2. Auflage

Paul Steiner
Herrsching am Ammersee, Deutschland

ISSN 2662-9240 ISSN 2662-9259 (electronic)
Quick Guide
ISBN 978-3-658-46057-0 ISBN 978-3-658-46058-7 (eBook)
https://doi.org/10.1007/978-3-658-46058-7

Die Deutsche Nationalbibliothek verzeichnet diese Publikation in der Deutschen Nationalbibliografie; detaillierte bibliografische Daten sind im Internet über https://portal.dnb.de abrufbar.

© Der/die Herausgeber bzw. der/die Autor(en), exklusiv lizenziert an Springer Fachmedien Wiesbaden GmbH, ein Teil von Springer Nature 2022, 2025

Das Werk einschließlich aller seiner Teile ist urheberrechtlich geschützt. Jede Verwertung, die nicht ausdrücklich vom Urheberrechtsgesetz zugelassen ist, bedarf der vorherigen Zustimmung des Verlags. Das gilt insbesondere für Vervielfältigungen, Bearbeitungen, Übersetzungen, Mikroverfilmungen und die Einspeicherung und Verarbeitung in elektronischen Systemen.
Die Wiedergabe von allgemein beschreibenden Bezeichnungen, Marken, Unternehmensnamen etc. in diesem Werk bedeutet nicht, dass diese frei durch jede Person benutzt werden dürfen. Die Berechtigung zur Benutzung unterliegt, auch ohne gesonderten Hinweis hierzu, den Regeln des Markenrechts. Die Rechte des/der jeweiligen Zeicheninhaber*in sind zu beachten.
Der Verlag, die Autor*innen und die Herausgeber*innen gehen davon aus, dass die Angaben und Informationen in diesem Werk zum Zeitpunkt der Veröffentlichung vollständig und korrekt sind. Weder der Verlag noch die Autor*innen oder die Herausgeber*innen übernehmen, ausdrücklich oder implizit, Gewähr für den Inhalt des Werkes, etwaige Fehler oder Äußerungen. Der Verlag bleibt im Hinblick auf geografische Zuordnungen und Gebietsbezeichnungen in veröffentlichten Karten und Institutionsadressen neutral.

Planung/Lektorat: Maximilian David
Springer Gabler ist ein Imprint der eingetragenen Gesellschaft Springer Fachmedien Wiesbaden GmbH und ist ein Teil von Springer Nature.
Die Anschrift der Gesellschaft ist: Abraham-Lincoln-Str. 46, 65189 Wiesbaden, Germany

Wenn Sie dieses Produkt entsorgen, geben Sie das Papier bitte zum Recycling.

Für Leonhard & Benedikt

Vorwort

Das vorliegende Buch ist eine kompakte Einführung in das Thema Multisensorisches Marketing und bietet zahlreiche pragmatische Hilfestellungen für die Umsetzung. Für die Unternehmenspraxis werden wichtige Ansatzpunkte zur multisensorischen Gestaltung von Marken geliefert, um so Konsumenten langfristig und mit allen fünf Sinnen an eine Marke zu binden und damit Markeninhalte tief greifend zu verankern. Dies wird durch konkrete Beispiele von Singapore Airlines, Swarovski und MINI illustriert. Drei Interviews mit renommierten Experten aus Wissenschaft und Praxis runden das Buch ab. Dieses vorliegende Werk ist eine erweiterte und aktualisierte Fassung der 1. Auflage meines Buches „Multisensorisches Marketing" aus 2022.

Der Ursprung dieses vorliegenden Werkes liegt in der ersten Auflage meines Buches „Sensory Branding – Grundlagen multisensualer Markenführung", das 2010 im Rahmen des Diplomstudiums Betriebswirtschaft an der WU (Wirtschaftsuniversität Wien) entstanden ist. Damit habe ich den Anspruch verfolgt, eine umfassende und detaillierte Darstellung des Potenzials multisensualer Markenführung zu geben. Darauf folgten zwei weitere, umfassende und aktualisierte Auflagen des Buches. Zudem habe ich Werke verfasst, die sich mit den Themen „Akustisches

Markendesign" und „Haptisches Marketing" befassen. Hier alle meine Bücher in ihrer aktuellen Fassung:

Steiner, Paul:
Quick Guide Sound Websites. Wie Sie mit Sound Websites Ihre Marke stärken.
Springer Gabler, 2023

Steiner, Paul:
Quick Guide Visuelles Marketing. Wie Sie mit visuellen Reizen Ihre Marke stärken.
Springer Gabler, 2023

Steiner, Paul:
Quick Guide Haptisches Marketing. Wie Sie mit haptischen Reizen Ihre Marke stärken.
Springer Gabler, 2023

Steiner, Paul:
Quick Guide Duftmarketing. Wie Sie mit Duftstoffen Ihre Marke stärken.
Springer Gabler, 2022

Steiner, Paul:
Quick Guide Multisensorisches Marketing. Wie Sie mit allen Sinnen Ihre Marke stärken.
Springer Gabler, 2022

Steiner, Paul:
Quick Guide Sound Marketing. Wie Sie mit akustischen Reizen Ihre Marke stärken.
Springer Gabler, 2021

Steiner, Paul:
Sensory Branding. Grundlagen multisensualer Markenführung.
3., aktualisierte und erweiterte Auflage
Springer Gabler, 2020

Steiner, Paul:
Sound Branding – Grundlagen akustischer Markenführung.
3., aktualisierte und erweiterte Auflage
Springer Gabler, 2018

Steiner, Paul:
Akustisches Markendesign – Nutzerspezifische Wirkung akustischer Marken-Websites.
Springer Gabler, 2015

Meiner Ehefrau Kathy möchte ich recht herzlich Danke sagen. Sie hat mir ihre liebevolle Geduld im gesamten Verlauf dieses Buchprojektes entgegengebracht und mich in jeder Beziehung unglaublich unterstützt.

Es ist mir ein besonderes Anliegen, die vorliegende Arbeit meinen beiden Söhnen – Leonhard und Benedikt – zu widmen. Beide bereichern mein Leben Tag für Tag und halten mich fit.

Frau Barbara Roscher und Herr Maximilian David von den Springer Fachmedien haben das Buchprojekt tatkräftig und umsichtig unterstützt. Herzlichen Dank dafür!

Um von den Überlegungen und Anregungen der Leser des Buches zu profitieren, bin ich für eine angeregte Diskussion sowie Ergänzungs- und Optimierungsvorschläge dankbar. Ihre Vorschläge und Diskussionsbeiträge können Sie gerne direkt an mich per E-Mail übermitteln: steiner-paul@gmx.at.

Ich freue mich auf eine lebhafte Diskussion und wünsche Ihnen viel Spaß beim Lesen und Anregungen für die tägliche Arbeit.

Baden bei Wien   Paul Steiner
im Juni 2024

Inhaltsverzeichnis

1	**Einleitung**	1
	Literatur	7
2	**Wahrnehmung und Wirkung multisensorischer Reize**	9
	2.1 Wahrnehmung von Sinnesreizen	11
	2.2 Kennzeichen und Ansprache der fünf Sinnessysteme	13
	2.2.1 Das Auge	15
	2.2.2 Das Ohr	19
	2.2.3 Die Haut	23
	2.2.4 Die Nase	27
	2.2.5 Die Zunge	31
	2.3 Integration der Sinnessysteme	34
	Literatur	37
3	**Markenrecht – Markenformen mit Sinn**	41
	Literatur	46
4	**Multisensorisches Marketing**	49
	4.1 Der Einfluss der Optik auf die Markenwahrnehmung	57

4.2	Der Einfluss der Akustik auf die Markenwahrnehmung	60
4.3	Der Einfluss der Haptik auf die Markenwahrnehmung	68
4.4	Der Einfluss der Olfaktorik auf die Markenwahrnehmung	70
4.5	Der Einfluss der Gustatorik auf die Markenwahrnehmung	75
4.6	Multisensorisches Markendesign	76
4.7	Erfolgsfaktoren für multisensorische Markenführung	78
4.8	Risiken der multisensorischen Markenführung	80
	Literatur	83
5	**Praxisbeispiele multisensorischer Marken**	89
5.1	Singapore Airlines	91
5.2	Swarovski Kristallwelten	94
5.3	MINI	95
5.4	Multisensorische Markenführung in der Automobilindustrie	98
	Literatur	103
6	**Fazit und Ausblick**	105
7	**Experteninterviews**	111

Über den Autor

Paul Steiner ist promovierter Sozial- und Wirtschaftswissenschafter. Neben seiner Promotion mit Auszeichnung zum Dr. rer.soc.oec. an der Wirtschaftsuniversität Wien, erhielt er ein Leistungsstipendium der Wirtschaftsuniversität Wien und den Rudolf Sallinger-Preis für seine Diplomarbeit „Sensory Branding". Herausragende akademische Leistungen hat Herr Dr. Steiner in all seinen erfolgreich abgeschlossenen Studien (Sozial- und Wirtschaftswissenschaften, Betriebswirtschaft, Musikmanagement, Audio Engineering) erzielt.

Seit 20 Jahren verantwortet er strategisch bedeutsame Projekte mit hoher Komplexität in der Bauindustrie, Finanzdienstleistungsbranche und Automobilindustrie. U. a. war er als Spezialist für akustische Markenführung in die strategische Planung und das Projektmanagement des neuen BMW Sound Logos, das 2013 den begehrten Red Dot Award erhielt, involviert. Er ist Autor der Fachbücher „Quick Guide Sound Websites" (2023), „Quick Guide Visuelles Marketing" (2023), „Quick Guide Haptisches Marketing" (2023), „Quick Guide Duftmarketing" (2022), „Quick Guide Multisensorisches Marketing" (2022), „Quick Guide Sound Marketing" (2021), „Sensory Branding" (2020), „Sound Branding" (2018) und „Akustisches Markendesign" (2015).

Kontakt: https://www.linkedin.com/in/dr-paul-steiner-728265b2.

1 Einleitung

Zusammenfassung Markenbotschaften werden oft nur mono- oder duosensual kommuniziert, d. h. auf ein oder zwei Sinneskanälen – meist visuell oder akustisch. Dadurch verschenken Unternehmen erheblich Potenzial, um ihre Marke(n) besser bekannt zu machen und auf einzigartige Art und Wiese im Gedächtnis der Konsumenten zu verankern. Für einen durchschlagenden Erfolg müssen möglichst alle fünf Sinne und ihre Wechselwirkungen gezielt gesteuert werden. Neben den schon lange verwendeten visuellen und auditiven Stimuli steigt das Interesse am Einsatz anderer Sinnesreize. Die gezielte Ansprache mehrerer Sinne in der Markenkommunikation ist deshalb unverzichtbar, da sich damit die Unternehmens- und Produktmarken von der Konkurrenz explizit abheben und von den Konsumenten in der Flut an Werbeinformationen überhaupt wahrgenommen werden können. In Zukunft werden die Konsumenten im Zuge der Markenkommunikation immer öfters auch olfaktorischen, gustatorischen und/oder haptischem Sinneseindrücken ausgesetzt.

> **Was Sie aus diesem Kapitel mitnehmen**
>
> - Welche Herausforderungen Unternehmen in der Markenkommunikation haben.
> - Welchen Vorteil Multisensorisches Marketing für Unternehmen bietet.
> - Wie viele Marken in Deutschland registriert sind.
> - Welche Klassen von Marken unterschieden werden.

Marken nehmen für Unternehmen und deren Anspruchsgruppen (Konsumenten, Mitarbeiter, Aktionäre etc.) eine bedeutende Stellung ein. So übernehmen Marken, die „als ein in der Psyche des Konsumenten verankertes, unverwechselbares Vorstellungsbild von einem Produkt oder einer Dienstleistung" (Meffert und Burmann 1998) verstanden werden können, eine Identifikationsfunktion und Differenzierungsfunktion für Konsumenten und ermöglichen ihnen Orientierung in der Vielfalt der Angebote und schaffen Vertrauen. Eine erfolgreich geführte Marke realisiert nicht nur eine höhere Loyalität und Bindung der Zielgruppen, sondern bietet darüber hinaus eine Plattform für die Erschließung neuer Märkte.

Zum Aufbau von Markenimages und damit zur Differenzierung von Konkurrenzangeboten wird die Markenkommunikation zu einem wesentlichen strategischen Erfolgsfaktor. Durch unterschiedliche kommunikative Maßnahmen in unterschiedlichen Medien verfolgen Unternehmen das Ziel, das eigene Angebot – und damit die eigene Marke – wahrnehmbar in den Köpfen der Zielgruppen zu verankern, sodass es konkurrierenden Angeboten vorgezogen wird. Dazu muss eine Marke im Angebotsmeer nicht nur sichtbar sein, sondern eine Marke benötigt auch ein differenzierendes Profil, ein klares Image und einen Zusatznutzen.

Die Markenkommunikation ist in der heutigen Zeit von einer Synästhesie ihrer Darstellungsmittel gekennzeichnet, da es in der Regel immer mehr Merkmale zugleich sind, die sich beim Konsumenten nachhaltig einprägen. Dadurch wird ein beachtlicher Redundanz- bzw. Vertrautheitseffekt erzeugt, da viele Marken bereits an wenigen Details erkannt werden können, selbst wenn diese nur unvollständig dargestellt werden. Grundsätzlich gilt, dass Marken für Verbraucher eine Bedeutung haben müssen, wobei idealerweise alle Zeichen prägnant dieselbe Bedeutung vermitteln. Das hat Gültigkeit für alle Sinnesebenen, die Markenzeichen senden können, von der Akustik bis hin zur Haptik.

Beim Deutschen Patent- und Markenamt (DPMA) wurden 2023 insgesamt 75.260 Neuanmeldungen von nationalen Marken verzeichnet. Das sind 2,7 % mehr als im Jahr zuvor. Die Unternehmen mit den meisten eingetragenen Marken sind die BMW AG (108 Marken), gefolgt von der Boehringer Ingelheim International GmbH (94 Marken) und der Brillux GmbH & Co. KG (43 Marken). Insgesamt umfasst der Markenbestand des DPMA 888.713 Marken (DPMA 2023).

Zu den wichtigsten Ursachen für diese wachsende Produkt- und Markenvielfalt zählen u. a. die zunehmende Marktsegmentierung, die drastische Verkürzung der Produktlebenszyklen, der Zwang zur Entwicklung neuer Produkte und Produktvarianten und die steigende Internationalisierung und der daraus resultierende Markteintritt neuer Wettbewerber. Hinzu kommt noch eine Verschiebung der Grenzen potenzieller neuer Wettbewerber durch neue Informations- und Kommunikationstechniken.

Neben der Inflation von Produkten und Marken haben sowohl die kommunikativen Maßnahmen als auch die Zahl der Medien rapide zugenommen. Wie eine Studie von Keller und Fischer (2008) zeigt, ist durch die größere Mediennutzung der Informationsüberschuss in den letzten Jahren noch größer geworden. Dies stößt zunehmend auf wenig involvierte Konsumenten, die auf die vorherrschende „Informationsflut" mit flüchtigem Informationsverhalten reagieren. So wird beispielsweise eine Printanzeige im Durchschnitt 3,9 s lang betrachtet, Onlinevideos durchschnittlich 9,3 s und TV-Spots rund 20 s (Statista 2013). Zudem sind den Informationsaufnahmekapazitäten der Konsumenten enge Grenzen gesetzt. Nach einer Berechnung des Instituts für Konsum- und Verhaltensforschung in Deutschland werden weniger als zwei Prozent der durch Massenmedien angebotenen Informationen aufgenommen (Kroeber-Riel und Gröppel-Klein 2019).

Die wachsende Produkt- und Markenvielfalt und der inflationäre Gebrauch kommunikativer Maßnahmen haben zu einer zunehmenden Überforderung und Desorientierung der Konsumenten geführt. Die daraus resultierende Verwirrung der Konsumenten durch Marken wird als

„Brand Confusion" (Schweizer und Rudolph 2004) bezeichnet. Diese tritt dann auf, wenn sich Marken in ihrem kommunikativen Auftritt kaum unterscheiden und folglich eine große Verwechslungsgefahr besteht oder die Marken häufiger ihren Auftritt wechseln.

Vor dem Hintergrund sich rasch ändernder Marktbedingungen ist eine einfache Fortschreibung traditioneller Markenführungsansätze nicht mehr zeitgemäß. Die identitätsbasierte Markenführung, dessen Konzept-Entwicklung auf einem „kontinuierlichen Wandel des Verständnisses vom Gegenstand der Marke" (Blinda 2003) beruht, bietet in dieser Situation einen erfolgversprechenden Ansatz zur Neuorientierung des Markenmanagements. Zu einer ihrer wichtigsten Aufgaben zählt der Aufbau einer prägnanten Markenidentität, die als Wurzel der Marke interpretiert werden kann. Sie sollte daher Ausgangspunkt aller strategischen und operativen Markenentscheidungen sein.

Unternehmen stehen vor der Herausforderung, ihre Markenwerte durch möglichst viele Sinne gezielt zu vermitteln, um sich von der Konkurrenz explizit abzuheben und Konsumenten langfristig an ihre Marke zu binden. Die Bedeutung der verschiedenen Sinne im Rahmen der Markenkommunikation variiert jedoch branchenabhängig. So nehmen u. a. in der Automobil- und Lebensmittelindustrie die unterschiedlichen Sinnesmodalitäten eine hohe Bedeutung ein.

Im Rahmen der Markenführung, insbesondere der identitätsbasierten Markenführung, hat bisher die visuelle Dimension eine dominante Rolle gespielt hat. Balmer charakterisiert diese visuelle Dominanz als *„(…) that is clouding over the importance of the other senses of sound, scent, taste and touch."* (Balmer 2001). Aktuelle wissenschaftliche Beiträge stellen die Erweiterungen der visuellen Dimensionen um weitere sensorische Dimension in den Mittelpunkt der Untersuchung.

Da der vorliegenden Arbeit das Konzept der identitätsbasierten Markenführung zugrunde liegt, wird der Definition von Burmann et al. (2018) gefolgt. Demnach ist eine Marke „ein Nutzenbündel mit spezifischen Merkmalen, die dafür sorgen, dass sich dieses Nutzenbündel gegenüber anderen Nutzenbündeln, welche dieselben Basisbedürfnisse erfüllen, aus Sicht relevanter Zielgruppen nachhaltig differenziert" (Burmann et al. 2018). Das Nutzenbündel Marke besteht sowohl aus materiellen als auch immateriellen Komponenten. So werden bei der Marke physisch-funktionale und symbolische Nutzenkomponenten gebündelt. Letztere umfassen neben den schutzfähigen Zeichen wie Namen, Logo und akustischen Signalen auch nicht schutzfähige Zeichen, die den Markenauftritt charakterisieren.

Grundsätzlich sind drei Klassen von Marken zu unterscheiden, nämlich „Niedrigpreismarken", „Value-Marken" der Mittelpreislage und „Premiummarken" der Höchstpreislage. Letztere sind durch die Realisierung eines Preispremiums gekennzeichnet, das aus überlegenen Produkt- und Imageeigenschaften resultiert. Premiummarken sind zudem durch eine hohe Qualitäts- oder Leistungsorientierung charakterisiert und zwar sowohl in einem rational-ökonomischen Sinne (Grundnutzen) als auch in einem mehr emotional-psychologischen Sinne (Zusatznutzen).

Marken bieten dem Unternehmen einen preispolitischen Spielraum und können dadurch zu einer Wertsteigerung des Unternehmens führen. Zudem dienen Marken der Differenzierung des eigenen Angebots vom Wettbewerb, führen (idealerweise) zu einer Präferenzbildung beim Verbraucher und erhöhen die Attraktivität des Unternehmens für High-Potential Mitarbeiter. Starke Marken realisieren im Gegensatz zu schwachen Marken eine höhere Markenloyalität und -bindung und bieten eine Plattform für neue Produkte. Starke Marken sind zentrale immaterielle Wertschöpfer in Unternehmen und verfügen über eine besondere emotionale Schubkraft.

Aus Sicht der Konsumenten erfüllen Marken eine Qualitäts-, Garantie- und Vertrauensfunktion, denn sie versprechen gleichbleibende Qualität und grenzen damit das Risiko eines Fehlkaufes stark ein. Außerdem fungieren Marken als Orientierungs- und Entscheidungshilfe. So assoziieren Konsumenten mit einer Marke verschiedene funktionale und emotionale Eigenschaften. Dadurch erleichtern sie die Kaufentscheidung. Letztlich ergibt sich das Markenerlebnis „aus der multisensorischen Wahrnehmung und Verarbeitung aller Signale, die von der Marke an allen Markenberührungspunkten an den Nachfrager ausgesendet werden" (Burmann et al. 2018).

Neben den schon lange verwendeten visuellen und auditiven Stimuli steigt das Interesse am Einsatz anderer Sinnesreize. Die gezielte Ansprache mehrerer Sinne in der Markenkommunikation ist deshalb unverzichtbar, da sich damit die Unternehmens- und Produktmarken von der Konkurrenz explizit abheben und von den Konsumenten in der Flut an Werbeinformationen überhaupt noch wahrgenommen werden können. In Zukunft werden die Konsumenten im Zuge der Markenkommunikation immer öfters auch olfaktorischen, gustatorischen und/oder haptischen Sinneseindrücken ausgesetzt.

Ziel der vorliegenden Arbeit ist es, eine kompakte und praxistaugliche Darstellung von Multisensorischem Marketing zu geben. Mit der vorliegenden Arbeit werden für die Unternehmenspraxis wichtige Ansatzpunkte zur multisensorischen Gestaltung von Marken geliefert, die durch konkrete Beispiele illustriert werden. Das Werk richtet sich an Marketing-Verantwortliche, die ihrem Unternehmen bzw. ihren Marken ein unverwechselbares multisensorisches Profil verleihen möchten.

Die Arbeit ist in sieben Kapitel gegliedert. Nach dem einleitenden ersten Kapitel sollen im zweiten Kapitel die theoretischen Grundlagen zur Wahrnehmung und Wirkung multisensorischer Reize kompakt vermittelt werden. Das dritte Kapitel beinhaltet die aktuelle Situation im Markenrecht. Das vierte Kapitel beinhaltet die Grundlagen multisensorischen Marketings. Das folgende Kapitel umfasst Praxisbeispiele bekannter multisensorischer Marken. Das sechste Kapitel umfasst das Fazit und einen Ausblick der Arbeit. Das siebte und letzte Kapitel beinhaltet drei Experteninterviews.

In der vorliegenden Arbeit wird aus Gründen der leichteren Lesbarkeit die männliche Form verwendet. Sie steht stellvertretend für Personen jeglichen Geschlechts.

> **Ihr Transfer in die Praxis**
> - Prüfen Sie, mit welchen Sinnen Sie Ihre Kunden in der Kommunikation ansprechen können.
> - (In welchen Kanälen) Machen Sie bereits Werbung für Ihr Unternehmen bzw. Ihre Marke(n)?
> - Nutzen Ihre Wettbewerber multisensorisches Marketing?
> - Setzen Sie Ihr Budget für multisensorisches Marketing bereits optimal ein?

Literatur

Balmer JMT (2001) Corporate identity, corporate branding and corporate marketing – seeing through the fog. Eur J Mark 35(3/4):248–291

Blinda L (2003) Relevanz der Markenherkunft für die identitätsbasierte Markenführung, Arbeitspapier Nr. 2, Lehrstuhl für innovatives Markenmanagement, Univ Bremen

Burmann C, Halaszovich T, Schade M, Piehler R (2018) Identitätsbasierte Markenführung: grundlagen – strategie – umsetzung – controlling. Springer-Gabler, Wiesbaden

Deutsches Patent und Markenamt (DPMA) (2023) Aktuelle Markenstatistiken, URL: https://www.dpma.de/dpma/veroeffentlichungen/statistiken/marken/index.html. Zugegriffen: 28 Mai 2024

Keller R, Fischer J-H (2008) Die Informationsüberlastung der Konsumenten: eine empirische Studie aus Sicht der Marketingkommunikation. Universität des Saarlandes, Institut für Konsum- und Verhaltensforschung, Diplomarbeit. Saarbrücken

Kroeber-Riel W, Gröppel-Klein A (2019) Konsumentenverhalten, 11. Aufl. Vahlen, München

Meffert H, Burmann C (1998) Abnutzbarkeit und Nutzungsdauer von Marken. Ein Beitrag zur steuerlichen Behandlung von Warenzeichen. In: Meffert H, Krawitz N (Hrsg) Unternehmensrechnung und –besteuerung. Grundfragen und Entwicklung. Gabler, Wiesbaden, S 75–126

Schweizer M, Rudolph T (2004) Wenn Käufer streiken Mit klarem Profil gegen Consumer Confusion und Kaufmüdigkeit. Gabler, Wiesbaden

Statista (2013) Durchschnittliche Betrachtungsdauer von Werbung in verschiedenen Medien in Sekunden. https://de.statista.com/statistik/daten/studie/271067/umfrage/betrachtungsdauer-von-werbung-in-verschiedenen-medien/. Zugegriffen: 28 Mai 2024

2

Wahrnehmung und Wirkung multisensorischer Reize

Inhaltsverzeichnis

2.1	Wahrnehmung von Sinnesreizen	11
2.2	Kennzeichen und Ansprache der fünf Sinnessysteme	13
	2.2.1 Das Auge	15
	2.2.2 Das Ohr	19
	2.2.3 Die Haut	23
	2.2.4 Die Nase	27
	2.2.5 Die Zunge	31
2.3	Integration der Sinnessysteme	34

Zusammenfassung Der Mensch ist verschiedenen Umweltreizen ausgesetzt, die er über die fünf Sinnesorgane Augen, Ohren, Nase, Zunge und Haut aufnimmt. In den fünf Sinnesorganen befinden sich Sinneszellen (Rezeptoren) mit einer hohen Empfänglichkeit für eintreffende adäquate Reize. Jeder Rezeptor ist dabei auf bestimmte Reize spezialisiert und wandelt diese in nervöse Erregungen um, die über sensible Nerven an das zentrale Nervensystem weitergeleitet werden. Dort lösen sie optische, akustische, olfaktorische, gustatorische bzw. haptische

Sinneseindrücke aus, die dem Menschen als Empfindungen bewusst werden. Verknüpft mit vorhandenen sensorischen Erfahrungen werden sensorische Wahrnehmungen hervorgerufen. Multisensorische Reize verleihen den sensorischen Erlebnissen eine gewisse Tiefe und Komplexität. Außerdem werden die Schnelligkeit und die Genauigkeit der Beurteilung einzelner Erlebnisse in einem Maße verbessert, die bei einzelnen Kanälen so nicht erreicht werden würde.

> **Was Sie aus diesem Kapitel mitnehmen**
>
> - Wie die Sinnesorgane und die dazugehörigen Sinnesmodalitäten systematisiert werden.
> - Welche Gestaltungsmittel für die gezielte Ansprache der einzelnen Sinne relevant sind.
> - Welche Sinnesmodalitäten Farben beeinflussen können.
> - Welche akustischen Gestaltungsparameter die Empfindung von Emotionen beeinflussen.
> - Welche Materialeigenschaften für die haptische Wahrnehmungsdimension zentral sind.
> - Welche Merkmale zur Kennzeichnung von Duftklassen unterschieden werden.
> - Welche Funktionen des Geschmackssinns unterschieden werden.

Grundsätzlich ist der Mensch verschiedenen Umweltreizen ausgesetzt, die er über die fünf Sinnesorgane Augen, Ohren, Nase, Zunge und Haut aufnimmt. Bereits Aristoteles stellte ein System der fünf Sinne auf, welches den Gesichts-, Gehör-, Geruchs-, Geschmacks- und Tastsinn den Sinnesorganen Augen, Ohren, Nase, Zunge und Haut zuordnet. Die moderne Physiologie kennt für den Menschen noch vier weitere Sinne, nämlich den Gleichgewichtssinn, die Thermozeption (Temperatursinn), die Nozizeption (Schmerzempfindung) und die Propriozeption (Körperempfindung) (Springer 2008). Aufgrund der Verschiedenartigkeit der Sinnesorgane gibt es jedoch keine allgemeingültige physikalische Definition von Reizen, die in der Regel nur der Auslöser für eine Wahrnehmung sind.

Jedes Sinnesorgan vermittelt in seiner Qualität ähnliche Sinneseindrücke. Ein Sinneseindruck wie beispielsweise die Farbe „rot" oder der Geschmack „bitter" stellt die einfachste Einheit der Sinneserfahrung dar. Der Mensch nimmt Eindrücke jedoch meist in Kombination auf, z. B. als Geschmack und Geruch. Selbst bei einfachen Wahrnehmungen wirken die unterschiedlichsten Eindrücke mehrerer Sinnesmodalitäten zusammen. So fließen beispielsweise in die Wahrnehmung einer Erdbeere nicht nur Eindrücke über den Geschmack und Geruch ein, sondern auch über Form, Farbe und Oberfläche. Die Summe mehrerer Sinneseindrücke bezeichnet man als Sinnesempfindung. Im folgenden Kapitel wird die Wahrnehmung von Sinnesreizen beschrieben.

2.1 Wahrnehmung von Sinnesreizen

In den fünf Sinnesorganen befinden sich Sinneszellen (Rezeptoren) mit einer hohen Empfänglichkeit für eintreffende adäquate Reize. Jeder Rezeptor ist dabei auf bestimmte Reize spezialisiert und wandelt diese in nervöse Erregungen um, die über sensible Nerven an das zentrale Nervensystem weitergeleitet werden. Entscheidend dabei ist, ob die Reize bei der Aufnahme einen bestimmten Schwellenwert überschreiten, denn von der Reizschwelle hängt ab, ob es überhaupt zu einer Informationsaufnahme kommt.

Wird die Wahrnehmung einer Sinnesmodalität (z. B. Töne) mit einer anderen Sinnesmodalität (z. B. Farben) gekoppelt, so spricht man von Synästhesie. Hierbei ruft ein durch einen adäquaten Reiz ausgelöster sinnlicher Ausdruck im Bewusstsein des Wahrnehmenden einen zweiten Eindruck hervor. So können beispielsweise Düfte zu visuellen Eindrücken oder Töne zu farblichen Assoziationen führen. Die Kopplung auditiver und visueller Wahrnehmung ist gegenüber den anderen Sinnen besonders ausgeprägt (Haverkamp 2001).

Von besonderer Bedeutung sind der McGurk-Effekt und der Ventriloquist-Effekt, die deutlich machen, wie der Sehsinn unsere Klangwahrnehmung beeinflusst und akustische Elemente u. a. mit visuellen Bildern assoziiert werden können.

Da der Mensch Eindrücke meist in Kombination aufnimmt, z. B. als Geschmack und Geruch spricht man auch von multisensorischer Wahrnehmung. Im Zuge des Wahrnehmungsprozesses werden die Informationen, die über die getrennten Sinneskanäle aufgenommen wurden, zu einer ganzheitlichen Wahrnehmung vereinigt. Letztlich werden die empfangenen Informationen als Bilder, Geräusche, Temperatur, Bewegung bzw. Berührung erfahren.

Die Sinne haben unterschiedliche Übertragungskapazitäten. Jedes sensorische System kann pro Zeiteinheit nur eine begrenzte Anzahl von Informationen an das Zentralnervensystem weiterleiten. Die allgemeine Informationsaufnahmekapazität des Menschen beträgt etwa 10 bis 16 Bit/Sek. Von den vielen Informationen, die unsere Sinnesorgane wahrnehmen, gelangt nur ein Bruchteil in das menschliche Bewusstsein (Kesseler 2004).

In dieser Arbeit stehen ausschließlich die äußeren Reize und ihre Wirkung auf die Wahrnehmung im Mittelpunkt der Betrachtung. Zunächst wird das Gesamtsystem der sensorischen Rezeptoren und der externen Reize aus der Umwelt analysiert. Tab. 2.1 gibt einen systematisierten Überblick über die Sinnesorgane und dazugehörige Sinnesmodalitäten.

Sinnesempfindungen können gleichgesetzt werden mit den sensorischen Produkteigenschaften, die für sensorische Präferenzen bzw. Aversionen verantwortlich sind. Mittels deskriptiver Verfahren der sensorischen Produktforschung können diese identifiziert und quantifiziert werden. Die zur gezielten Ansprache der einzelnen Sinne relevanten Gestaltungsmittel sind in Abb. 2.1 zusammengefasst.

Alle von den Sinnesorganen erhaltenen Signale werden je nach Übertragungskapazität von den im Cortex liegenden primären sensorischen Arealen empfangen und verarbeitet, wobei die Wirkung dieser Verarbeitung höher ist, wenn der Einsatz mehrerer Reizmodalitäten zeitgleich und ganzheitlich erfolgt. Ist man gleichzeitig vielen Reizen gleicher oder unterschiedlicher Modalität ausgesetzt, kann es jedoch auch zur Reizüberflutung und folglich zur Störung im Wahrnehmungsprozess kommen. Um einer Reizüberflutung vorzubeugen, werden nicht alle Reize im Gehirn verarbeitet, sondern vorab „gefiltert". Dieser Prozess wird Anpassung der Rezeptoren oder Adaption genannt.

2.2 Kennzeichen und Ansprache der fünf Sinnessysteme

Der menschliche Körper besitzt eine Vielzahl von Sinnesrezeptoren (Sensoren), um Sichtbares, Geräusche, Geschmäcker, Gerüche, Tastbares, Wärmequellen etc. zu registrieren. Die erfassten Informationen werden im Gehirn zu Wahrnehmungserfahrungen verarbeitet und gespeichert. Im Folgenden werden die Aufnahme, Verarbeitung und Speiche-

Tab. 2.1 Systematisierung der Sinnesorgane. (Eigene Darstellung in Anlehnung an Cube 1970, S. 156 und Birbaumer und Schmidt 2006, S. 298 ff.)

Sinnes-organ	Sinn	Sinnes-eindruck (Wahr-neh-mung)	Sinnes-reiz	Rezeptor	Sinnes-empfin-dung (Bei-spiele)	Übertra-gungs-kapazi-tät
Augen	Gesichts-sinn	Optisch	Lichtwel-len	Stäbchen und Zapfen der Retina	Hell/dunkel, farbig	10 Mio. Bit/Sek
Ohren	Gehörsinn	Akus-tisch	Schall-wellen	Haarzellen des Corti-organ	Leise/laut, nah/fern	1,5 Mio. Bit/Sek
Haut/Bewe-gung	Tempera-tursinn, mecha-nischer Hautsinn, Schmerz-sinn	Taktil/ki-näsythe-tisch	Äußerer Kon-takt	Nervenen-dungen in der Haut	Warm/kalt, glatt/rau, warm/kalt, schwer/leicht	200.000 Bit/Sek
Nase	Geruchssinn	Olfakto-risch	Geruch-stra-gende Sub-stanzen	Haarzellen des olfak-torischen Epithels	Fruchtig, aroma-tisch	14–46 Bit/Sek
Zunge	Ge-schmacks-sinn	Gustato-risch	Lösliche Sub-stanzen	Ge-schmacks-knospen der Zunge	Süß/bit-ter	13 Bit/Sek

rung von Sinnesreizen ausführlich betrachtet, wie sie von jeder Marke ausgehen.

Wie bereits gezeigt wurde, reagiert jedes Sinnesorgan auf unterschiedliche Reize: das Auge auf Lichtenergie, die Nase auf chemische Substanzen usw. Die über die Sinnesorgane aufgenommenen Informationen werden an das Gehirn zur Verarbeitung und Speicherung weitergeleitet, wo sie in beiden Hirnhälften verarbeitet werden. Während die linke

		Augen	Ohren	Nase	Haut	Mund
	Modalität	visuell	Auditiv	Olfaktorisch	Haptisch	Gustatorisch
Material (Substanz)		●	○	○	●	○
Form		●			○	
Farbe (Licht)		●			○	
Duft (Gas)		○		●	○	●
Aroma				●		●
Klang (Ton)		○	●		○	
Bewegung		●	○		○	
Temperatur		○		○	●	
Räumlichkeit		●	○		●	
Kraft					●	
Beispiele	Alltag	TV	Radio	Parfüm	Trinkglas	Kaugummi
	Marken	Lila Kuh (Milka)	Klingelton (Nokia)	Eau de Toilette (Chanel)	Bier-flasche (Corona)	Energy Drink (Red Bull)
Legende:	● = trifft immer zu (unmittelbar wahrnehmbar)					
	○ = trifft nur selten bzw. indirekt zu (mittelbar wahrnehmbar)					

Abb. 2.1 Gestaltungsmittel zur Ansprache der fünf Sinne. (Eigene Darstellung in Anlehnung an Kilian 2007, S. 327)

Hirnhälfte vor allem für sprachlich-logische Reizverarbeitungen verantwortlich ist, verarbeitet die rechte Hirnhälfte primär nichtsprachlich-visuelle Reize. Dabei gilt: Unterschiedliche Hirnregionen sind in die Verarbeitung verbaler und räumlicher Information involviert (Anderson 2007).

Man geht heute davon aus, dass die effizienteste wahrnehmungsbasierte Wissensrepräsentation, d. h. die Organisation und Nutzung von Informationen im Langzeitgedächtnis, durch duale Kodierung verbaler und visueller Reize geschieht. Dabei werden sowohl die linke als auch die rechte Hirnhälfte angesprochen. Die Reizmuster in Form von multisensorischen Reizen werden im Gehirn als innere „Gedächtnisbilder" (Imageries) repräsentiert. Dabei können nicht nur visuelle Reize als Imageries fungieren, sondern auch Reize anderer Sinnesmodalitäten, wie akustische Reize oder Geruchsreize in ihrer modalitätsspezifischen Form (Linxweiler 2004). Die mittlerweile teilweise überholte Hemisphärenforschung besagt, dass bei rechtshändigen Menschen die rechte Hirnhälfte bedeutend leistungsfähiger (schnellere, gleichzeitige, automatische Verarbeitung, große Speicherkapazität, keine kognitive Kontrolle) ist, als die linke Hälfte (langsamer, sequenzielle Verarbeitung, weniger Speicherkapazität, kognitive Kontrolle). Im Folgenden wird auf die visuellen, auditiven, haptischen, olfaktorischen und gustatorischen Ausgestaltungsmöglichkeiten, die sogenannten Modalitäten, näher eingegangen.

2.2.1 Das Auge

Das visuelle Sinnessystem enthält einen rezeptiven Anteil, der insbesondere aus den Sinneszellen der Netzhaut (Retina) besteht, sowie einen integrativen Abschnitt, der einzelne Retinaneuronen und Teile des Gehirns umfasst. Der visuelle Sinn gilt als verlässlichster aller Sinne und zeichnet sich bei der Umwandlung von Licht vor allem durch folgende Leistungen aus:

Das zeitliche Auflösungsvermögen des Sehsystems ist außerordentlich hoch. Während akustische Signale stets eine gewisse Verzögerung beinhalten, kann das im Sichtfeld stattfindende Ereignis praktisch gleichzeitig mit den Augen wahrgenommen werden. Das Licht ist rund 900.000-mal schneller als der Schall.

Mithilfe des Kontrastsehens können Gegenstände insbesondere bei geringen Lichtunterschieden leicht identifiziert werden. Die präzise Erfassung der Augen ermöglicht die Beobachtung anderer Lebewesen in ihrer Ausformung und Dynamik. Die Reflexivitätseigenschaft, die die visuelle Perzeption gegenüber der akustischen Wahrnehmung auszeichnet, geht mit der präzisen Erfassung einher.

Durch die Spektralanalyse wird Farbensehen ermöglicht, sodass sich Farbabstufungen bei gleich hellen Objekten unterscheiden lassen (Springer 2008).

Ein Mensch nimmt zwischen 60 bis 90 % aller Informationen visuell auf. Um visuelle Information aufzunehmen, müssen diese im sichtbaren Licht enthalten sein, denn bei Dunkelheit bleiben alle nichterleuchteten Körper dem Auge unsichtbar, da Körper und Farben erst durch auftretende Lichtstrahlen wahrnehmbar werden. Sichtbares Licht stellt ein schmales Energieband innerhalb des elektromagnetischen Spektrums zwischen 400 und 700 nm (nm) dar, wobei die angrenzenden kürzeren (ultravioletten) und längeren (infraroten) Wellenlängen für das menschliche Auge unsichtbar sind. Die Wellenlänge bestimmt dabei die Farbempfindung. So wird Licht mit niedrigen Wellenlängen (ca. 380 nm) als blau und Licht mit höheren Wellenlängen (ca. 750 nm) als rot wahrgenommen (Ditzinger 2006).

Das Auge besteht aus einem optischen System und der Netzhaut. Während das optische System die Aufgabe hat, elektromagnetische Wellen zu brechen, ist die Netzhaut dafür verantwortlich, dass sie aus den gebrochenen Strahlen ein Bild der Umwelt erzeugt. Dies geschieht durch die Fotorezeptoren, die sogenannten Zapfen und Stäbchen, die auf der Netzhaut die einfallenden physikalischen Reize (Lichtstrahlen) in Nervenimpulse umwandeln. Während die lichtempfindlichen Stäbchen, die nur hell und dunkel unterscheiden, pro Auge ca. 140 Mio. Zellen umfassen, sind die Zapfen mit etwa 8 Mio. Zellen weit weniger häufig. Letztere besitzen die Aufgabe, Farben und Formen zu erkennen und benötigen daher mehr Licht als die Stäbchen. Vor allem die Zahl der Zapfen pro Flächeneinheit bestimmt dabei unsere Sehschärfe (Bartels et al. 2004).

Durch das einfallende Licht, das in der Linse gebündelt wird, entsteht ein umgekehrtes, verkleinertes Bild eines Gegenstandes auf der Netzhaut. Das projizierte Abbild ändert sich infolge der Bewegungen des Menschen und der Umwelt fortwährend. In der Regel springt der Blick drei bis fünfmal pro Sekunde, sodass alle 200 bis 300 ms ein anderer Teil des Sehfeldes fixiert wird. Beide Augen liegen durchschnittlich ca. 6,4 cm auseinander. Durch ihre unterschiedlichen Positionen liefern sie zwei disparate Bilder, die leicht unterschiedliche Ansichten eines Objektes zeigen. Während die gesammelten Informationen des linken Gesichtsfeldes in die rechte Hemisphäre gelangen, werden die aufgenommenen Informationen des rechten Gesichtsfeldes in die linke Hemisphäre weitergeleitet. Für diesen Vorgang ist die Sehnenkreuzung des optischen Traktes verantwortlich. In den beiden Gehirnhälften werden schließlich die unterschiedlichen Bildinformationen der Verschmelzungstheorie zufolge zusammengeführt und ausgewertet (Scharf 2000).

Das optische System des Auges wird oft mit einem traditionellen Fotoapparat verglichen. Es besitzt eine Blende (Regenbogenhaut mit Pupille), eine Linse und eine Schicht, in der bei Lichteinfall chemische Umsetzungen stattfinden, sowie die Netzhaut (Retina). Weitere Bestandteile des Auges sind Glaskörper, Lederhaut (Sclera), Hornhaut (Cornea), Aderhaut (Choroidea), Ringmuskel (Ziliarmuskel), vordere und hintere Augenkammer und die Nervenfaserschicht.

Zu den elementaren Dimensionen der Sinneseindrücke bei der Betrachtung visueller Signale (z. B. Bilder, Texte und Räumlichkeiten) zählen Farben, Formen, Raum und Bewegung. Die zielgruppenspezifische Kommunikation mithilfe visueller Elemente stellt einen Schwerpunkt der multisensorischen Kundenansprache dar. Bei der Ausgestaltung der visuellen Maßnahmen hat die Wahl der eingesetzten Farben eine große Bedeutung. Bei industriell hergestellten Produkten dient die Farbwahl u. a. zur Verdeutlichung der Gebrauchsfunktion, der Sicherheitsfunktion und der ästhetischen Funktion. Schließlich prägen das Design und die Markendarstellung die wahrnehmbare Leistung als Ganzes.

Farben zählen zu den wichtigsten visuellen Gestaltungsmitteln, da sie Assoziationen hervorrufen und somit Bedeutungen konnotieren können. Farben sind „visualisierte Gefühle" und eng mit den archetypischen menschlichen Erfahrungen verknüpft. Sie bewirken klar erkennbare und messbare Zustände. Farben greifen direkt, massiv und vom klaren Denken weitgehend unkontrolliert in biochemische und biophysikalische Prozesse des menschlichen Körpers ein. So werden u. a. Herzschlag, Blutdruck, Puls und Atemfrequenz von Farben beeinflusst (Braem 1985).

Eine Variation der Farbgebung eines Objektes führt bei gleicher Form und gleichem Gewicht eines Produktes dazu, dass ein heller Gegenstand im Vergleich zu einem dunklen Gegenstand leichter und größer eingeschätzt wird (Meyer 2001). Farben beeinflussen jedoch nicht nur die Wahrnehmung des Gewichts, sondern auch des Geschmacks, des Geruchs, der Konsistenz, der Qualität, der Haltbarkeit, der Frische und der Temperatur. So variieren geschätzte Temperaturen von Räumen mit „kühlen" und „warmen" Farben um bis zu 6 Grad (zwischen 15 °C und 21 °C) (Küthe und Küthe 2003). Die Wirkungen von Farben werden neben dem Farbton auch durch die Helligkeit, Intensität, Sättigung und Kontraste beeinflusst. So werden leuchtkräftige und gesättigte Farben angenehmer erlebt als blasse Farben. Intensiv farbige und grafisch komplexe Muster können jedoch auch als Überinformation zu einer Überstimulation führen. Grafische Elemente lassen sich besser unterscheiden, wenn sie sowohl in der geometrischen Form als auch in der Füllung der Form abweichen. Meist werden Formen mittlerer Komplexität am leichtesten wahrgenommen (Crook 1957).

Die Farbgebung wirkt sich auch auf die haptische Wahrnehmung aus. So suggeriert beispielsweise eine hellgrau glänzende Fläche eher einen harten, kühlen, metallenen Griff. Eine lichtgrau-blaue Fläche hingegen lässt eine sehr glatte, wässrige Oberfläche vermuten. Farben sind außerdem imstande, die Illusion von Perspektiven zu schaffen, denn Farben wirken umso näher, je wärmer sie sind und umso entfernter, je kälter sie sind. Gleichzeitig scheinen Flächen bzw. Räume warmer Farben, wie Rot oder Orange, in der Regel größer bzw. voluminöser als physisch gleich große Flächen bzw. Räume kalter Farben, wie Blau und Grün. Des Weiteren wirken intensive Farben näher als blasse Farben (Heller 2004).

2.2.2 Das Ohr

Vielfach wurde nachgewiesen, dass das Ohr im „Orchester der Sinne" eine besondere, integrierende Funktion einnimmt. Der Hörsinn, der zu den Fernsinnen zählt, ist von allen Sinnen derjenige, der die Zeit am feinsten auflöst. Im Gegensatz zu den beiden Fernsinnen Hörsinn und Sehsinn zählen die übrigen Sinne zu den Nahsinnen. Bei den Nahsinnen wird der Sinneseindruck direkt mit dem Organ verknüpft.

Grundsätzlich können zwei Arten des (Zu)hörens unterschieden werden. Bei der Wahrnehmung von akustischen Reizen kommen einerseits Attribute zur Anwendung, die nicht unbedingt unmittelbar physischen Eigenschaften von Klangquellen zugeordnet werden können (z. B. Tonhöhe, Klangfarbe). Solche abstrakten Attribute sind oft in traditionellem musikalischem Kontext von Bedeutung („Musical Listening"). Andererseits können Klänge im Sinn von Eigenschaften klangerzeugender Prozesse wahrgenommen werden. Dies ist meistens unwillkürlich in alltäglichen Situationen (z. B. Verkehrsgeräusche) der Fall („Everyday Listening") (Gaver 1988).

Im Mittelpunkt des auditiven Sinnessystems stehen die Schallaufnahme und -analyse, denn die biologische Bedeutung des Hörsinns ist nicht das Musikhören, sondern die Ortung von Schallquellen in der Umwelt. Diese hoch automatisierte Fähigkeit war in den Anfangszeiten der menschlichen Entwicklung überlebenswichtig, weshalb sie auch grundsätzlich nicht abgeschaltet werden kann.

Um ein Schallereignis wahrnehmen zu können, muss eine einfache physikalische Wirkungskette vorausgehen. Dabei versetzt eine Schallquelle die sie umgebende Luft in kleine Schwingungen, die in Folge von Kompressibilität und Masse der Luft übertragen werden und zum Ohr des Hörers gelangen. In der übertragenden Luft (bzw. dem Gas oder der Flüssigkeit) finden dabei physikalisch kleine Druckschwankungen statt. Dieser Druck wird als Schalldruck bezeichnet und ist naturgemäß orts- und zeitabhängig (Möser 2009).

Das menschliche Gehör ist u. a. durch das Richtungshören charakterisiert. Dies wird dadurch ermöglicht, dass Schallquellen, die nicht direkt aus der Blickrichtung kommen, mit unterschiedlicher Intensität

(Amplitudendifferenz) und kleinsten Zeitunterschieden (Zeitdifferenz) an den Ohren eintreffen. Da die Abnahme der Amplitude und die Entfernung von der Schallquelle in einem festen Verhältnis zueinanderstehen, kann die Amplitudendifferenz zwischen beiden Ohren auch als Information über die Entfernung der Schallquelle genutzt werden.

Des Weiteren ist das menschliche Gehör durch seine Trägheit gekennzeichnet, die bei kurzen Schallimpulsen die Wahrnehmung in voller Pegelhöhe verhindert. Das Gehör besitzt die besondere Fähigkeit, Geräusche mit bestimmten Eigenschaften in Verbindung zu bringen. Diese Tatsache wird u. a. beim Sound Design genutzt, insbesondere in der Automobilwirtschaft. So soll das typische Geräusch beim Zuschlagen von Autotüren Sicherheit und Qualität signalisieren, der Motorsound hingegen Emotionen transportieren.

Das Hörfeld bezeichnet jenen Bereich der auditiven Wahrnehmung, in welchem ein akustisches Ereignis im auditiven System eine wahrnehmbare Empfindung auslöst. Beim Menschen reicht dieser hörbare Frequenzbereich von etwa 16 bis 20.000 Hz (Hz) und umfasst rund zehn Oktaven mit jeweils zwölf halben Tönen. Die Fähigkeit zum Hören der hohen Frequenzen ist jedoch individuell verschieden und vor allem vom Personenalter abhängig. Während in jungen Jahren selbst Frequenzen bis zu etwa 20 kHz gehört werden, sinkt diese Frequenzgrenze im hohen Alter unter 10 kHz herab. Schall mit Frequenzen unterhalb des Hörbereichs (Infraschall) und oberhalb des Hörbereichs (Ultraschall) ist für den Menschen nicht hörbar.

Das Ohr ist in verschiedenen Frequenzbereichen unterschiedlich empfindlich. So liegt der Bereich der größten Empfindlichkeit zwischen 3 und 5 kHz. Tonhaltige Geräusche in diesem Frequenzbereich werden als besonders störend empfunden. Ausgehend vom Stimmton a, der 1939 auf 440 Hz festgelegt wurde, werden Töne je nach ihrer Frequenz in tiefe, mittlere und hohe Töne eingeteilt. So umfassen tiefe Töne den Frequenzbereich von ca. 20 bis 250 Hz, mittlere Töne decken den Bereich zwischen 250 und 1000 Hz ab und Töne im Bereich zwischen 1000 und 4200 Hz werden als hohe Töne bezeichnet. Oberhalb von 4200 Hz sind keine Grundtöne mehr angesiedelt (Flückiger 2001). Der Frequenzabschnitt, der für die Sprachwahrnehmung wichtig ist, liegt etwa zwischen 400 und 3000 Hz.

Die drei menschlichen Primärempfindungen bei der Wahrnehmung von akustischen Ereignissen sind Lautstärke, Tonhöhe und Klangfarbe. Die Empfindung der Tonhöhe hängt mit der Grundfrequenz zusammen, die Lautstärke mit der Intensität und die Klangfarbe mit dem Frequenzspektrum (Roederer 2000). Kulturspezifische Erfahrungen und Gewohnheiten beeinflussen zusätzlich unser Klangempfinden.

Die Zuordnung von Tonhöhe, Lautstärke und Klangfarbe zu einem musikalischen Klang ist das Ergebnis der Verarbeitungsvorgänge in Ohr und Gehirn und folglich subjektiv und nicht direkt physikalisch messbar. Prinzipiell ist es aber möglich, jede dieser drei primären Empfindungen mit einer genau definierten Größe des ursprünglichen Reizes, d. h. der Schallwelle, in Verbindung zu bringen, die mit physikalischen Methoden genau gemessen und in Zahlen ausgedrückt werden kann. So hängt die Empfindung der Tonhöhe mit der Grundfrequenz zusammen, die Lautstärke mit der Intensität und die Klangfarbe mit dem Frequenzspektrum.

Beim auditiven Übertragungsweg befinden sich bedeutend mehr Zwischenstationen im Gehirn als beim visuellen System. Dafür nimmt das auditive System eines Individuums auch Informationen über Objekte auf, die sich seitlich oder hinter ihm befinden. Erklingen zwei oder mehr Töne zeitgleich, so kann unser Gehirn sie einzeln wahrnehmen. Selbst einfache Melodien enthalten unterschiedliche musikalische Dimensionen wie Rhythmus, Harmonik und Dynamik.

Akustische Reize, insbesondere Musik, können Bedeutungen in zwei unterschiedlichen Richtungen transportieren. Zum einen können akustische Stimuli den Sinnesgehalt von konkreten Sounds (u. a. Vogelgezwitscher) vermitteln. Zum anderen eignen sich akustische Elemente, um abstrakte Klänge (u. a. Sound Logo) zu kommunizieren.

Man geht heute davon aus, dass die effizienteste wahrnehmungsbasierte Wissensrepräsentation, d. h. die Organisation und Nutzung von Informationen im Langzeitgedächtnis, durch duale Kodierung verbaler und visueller Reize geschieht. Dabei werden sowohl die linke als auch die rechte Hirnhälfte angesprochen. Die Reizmuster in Form von multisensorischen Reizen werden im Gehirn als innere „Gedächtnisbilder" (Imageries) repräsentiert. Dabei können nicht nur visuelle Reize als Imageries fungieren, sondern auch Reize anderer Sinnesmodalitäten, wie akustische Reize. So werden akustische Bilder gedanklich oft mit visuellen Bildern verbunden. Insbesondere im Radio spielen akustische Bilder eine zentrale Rolle, um eine lebendige Markenerinnerung zu erreichen und sachliche oder emotionale Eindrücke zu erzeugen (Linxweiler 2004).

Grundsätzlich können akustische Reize sowohl emotionale (affektive) als auch kognitive (Marken)Informationen vermitteln, wobei dies vor allem für Musik im Zusammenhang mit dem Auslösen von Emotionen nachgewiesen werden konnte: Es wundert daher nicht, dass neueste Studien zur Repräsentation von Musik im Gehirn ergaben, dass praktisch das gesamte Gehirn zur Musik beiträgt (Spitzer 2002). Kaum jemand wird wohl daran zweifeln, dass akustische Reize, insbesondere Musik, den Menschen emotional ergreifen und in unterschiedliche Stimmungen versetzen kann.

Zahlreiche Studien belegen, dass das Hören von Musik Emotionen beim Rezipienten auslöst. Durch die Wahl der Musikinstrumente (abgestimmt auf einzelne Zielgruppen) lassen sich dabei spezifische Emotionen, wie „französisches Savoir vivre" oder „Sehnsucht nach der Ferne" auslösen, die von einer großen Anzahl von Rezipienten gleichsam empfunden werden. In Studien zeigte sich ebenfalls, dass unterschiedliche Musikstile bestimmte Bedeutungen beim Rezipienten erzielen können. Beispielsweise erzeugte klassische Musik oder Rap-Musik einen ähnlichen ästhetischen Ausdruck über viele Probanden hinweg.

Bruner (1990) unterscheidet die folgenden akustischen Gestaltungsparameter: Lautstärke, Tempo, Rhythmus, Tonart, Tonhöhe und Harmonie. Diese können gezielt eingesetzt werden, um die vom Rezipienten empfundenen Emotionen zu beeinflussen. So haben mehrere Studien belegt, dass schnelle Musik fröhlicher und angenehmer empfunden wird als langsame Musik.

Tab. 2.2 stellt exemplarisch die Vermittlung ausgewählter emotionaler Ausdrücke durch zeit- und klangbezogene akustische Gestaltungsparameter dar.

Die Wichtigkeiten einzelner zeit- oder klangbezogener akustischer Gestaltungsparameter lassen sich auch hierarchisieren. So fand Hevner (1936) heraus, dass die Ausdruckskraft der Tonart (Dur und Moll) am stabilsten und generell eher verstanden wird als andere akustische

Tab. 2.2 Vermittlung eines emotionalen Ausdrucks durch einzelne Gestaltungsparameter akustischer Reize. (Eigene Darstellung in Anlehnung an Bruner 1990)

Gestaltungsparameter akustischer Reize	Emotionaler Ausdruck		
	Traurig	Glücklich	Erschreckend
Tonart	Moll	Dur	Moll
Tempo	Langsam	Schnell	Langsam
Tonhöhe	Niedrig	Hoch	Niedrig
Rhythmus	Gleichbleibend	Fließend	Uneben
Harmonie	Dissonant	Konsonant	Dissonant
Lautstärke	Gering	Mittel	Variierend

Gestaltungsparameter. So wird Musik in einer Dur-Tonart oft mit fröhlicher, lebhafter Stimmung in Verbindung gebracht, Musik in einer Moll-Tonart hingegen als melancholisch, traurig, depressiv, geheimnisvoll erlebt. Nach einer Systematik von Helms (1981) werden den jeweiligen Dur- und Molltonarten typische Klangcharakter zugeordnet. Tab. 2.3 fasst den Klangcharakter von Tonarten zusammen.

So besitzt bereits die Interaktion von nur zwei akustischen Gestaltungsparametern (z. B. Tempo und Tonart) eine Komplexität, die schwierig zu kontrollieren und interpretieren ist. Die Verarbeitung und Speicherung von akustischen Reizen ist noch nicht vollständig erforscht. Daher verwundert es nicht, dass neurophysiologische Grundlagen der Wahrnehmung von Musik als komplexem akustischem Reiz bisher nur ansatzweise aufgeklärt sind.

2.2.3 Die Haut

Die Gesamtheit der Wahrnehmung, Verarbeitung und Speicherung haptischer Reize wird als haptisches Sinnessystem bezeichnet. Es dient zur Vergewisserung und Bestätigung von Eindrücken und gilt auch als verlässlichstes unter den Sinnen. Das haptische Sinnessystem beinhaltet alle Hautsinne (taktiler Sinn) und den Muskel- oder Bewegungssinn (kinästhetischer Sinn). Während kinästhetische Sinneseindrücke durch Rezeptoren in den Gelenken und an den Muskelfasern ausgelöst werden, beziehen sich taktile Sinneseindrücke auf Wahrnehmungsprozesse, die auf eine mechanische, nicht schmerzhafte Verformung der Haut zurückzuführen sind (Gibson 1973).

Tab. 2.3 Klangcharakter von Tonarten. (Eigene Darstellung in Anlehnung an Helms 1981)

Tonart	Klangcharakter
C-Dur	Ernst, aber dumpf
D-Dur	Heiter, lärmend, aber gewöhnlich
Es-Dur	Majestätisch, ernst, heroisch
E-Dur	Edel
F-Dur	Markig, kräftig (Marschmusik)
As-Dur	Sanft, sehr edel
C-Moll	Düster, wenig hell klingend
G-Moll	Schwermütig, hell klingend, sanft
H-Moll	Wild, heftig

Die zwei wesentlichen Arten, die man im Bereich Haptik unterscheidet sind die Berührhaptik und die Druckhaptik. Während das druckhaptische Empfinden die Härte bzw. Weichheit eines Materials umfasst, die man beim Greifen verspürt, so ist die Berührhaptik durch das in den Fingerkuppen wahrgenommene Gefühl beim Überstreichen der Oberfläche charakterisiert.

Haptische Reize spielen in unserem Alltag eine bedeutende Rolle. Sogar die psychische Entwicklung des Menschen ist abhängig von dem Ausmaß der Berührung, die wir als Säugling empfangen. Durch das Betasten von Textilien und Nahrungsmitteln beurteilen wir deren Qualität. Haptische Sinneseindrücke ermöglichen die Wahrnehmung von Parametern wie Konsistenz, Temperatur und Gewicht. Nach Braem werden (isoliert betrachtet) lediglich 1,5 % aller Informationen über die Haut und Bewegung wahrgenommen. Die Haut erfüllt jedoch eine Vielzahl von Leistungen und Funktionen. So gewährleistet sie u. a. Mechanischen Schutz, Wärme-, Flüssigkeits-, Strahlen- und Infektionsschutz (Lippert 2011).

Objekte werden als Erstes nach dem Aussehen beurteilt, da der Prozess des visuellen Erkennens viel schneller abläuft als das erkennende Tasten. Nachdem ein Objekt ertastet wurde, kommt es zu einer Beeinflussung des Tastbefundes durch das Sehen.

Die Haut ist das schwerste und größte sensuale Organ des Menschen. Im weiteren Sinne besteht die Haut aus drei Schichten, nämlich aus der Oberhaut (Epidermis), der Lederhaut (Dermis) und dem

Unterhautfettgewebe (Hypodermis). Die Haut im engeren Sinne umfasst die Oberhaut und Lederhaut. Die Oberhaut setzt sich aus dem mehrschichtigen verhornten Plattenepithel zusammen. Die 1 bis 2 mm dicke Lederhaut hingegen besteht aus elastischem Bindegewebe und das Unterhautgewebe aus Fettgewebe (Springer 2008).

Mithilfe von Rezeptoren, die sich in der Haut befinden, ermöglicht uns der Hautsinn die Wahrnehmung von äußeren Umweltreizen. Durch die Sinneszellen des Tastsinnes, die in Oberflächen- und Tiefensensoren gegliedert sind, werden gleichzeitig unterschiedliche Reizinformationen registriert und aufgenommen. Entsteht nun ein leichter Druck auf der Haut, so werden unter der Haut elektrische Signale erzeugt. Letztere werden in gebündelter Form an das Rückenmark gesendet. Von dort aus werden die Signale über zwei Nervenbahnen in die verschiedenen Gehirnregionen geleitet.

Als Produktgestaltungsmittel werden Material, Form, Farbe und Oberfläche unterschieden. Jedes Produkt besteht aus einer spezifischen Kombination dieser Gestaltungsmittel, aus der sich bestimmte Funktionen ergeben. Letztlich ergeben sich Wirkungen auf den Konsumenten, die sich isoliert analysieren lassen. Die einzelnen Gestaltungsmittel des Produktdesigns werden über die Sinne wahrgenommen, wobei durch eine zielgerichtete Kombination von Produktgestaltungsmitteln eine spezifische Reaktion hervorgerufen werden kann (Meyer 2001).

Die haptischen Sinneseindrücke lassen sich anhand mehrerer Dimensionen beschreiben. So zählen vor allem die Dimensionen Material, Oberfläche, Konsistenz, Elastizität, Temperatur, Gewicht, Form und Größe zu den haptischen Objekteigenschaften. Wie Chen et al. (2009) in ihrer Studie nachweisen konnten, wird die haptische Wahrnehmung oft mit mehr als einer physischen Eigenschaft in Verbindung gebracht. So wurden u. a. Produktoberflächen, die als warm wahrgenommen wurden auch gleichzeitig als weich/zart empfunden.

Die Bedeutung einzelner Wahrnehmungsdimensionen bei der haptischen Wahrnehmung kann durch eine entsprechende Lenkung der Aufmerksamkeit verändert werden. So können sonst untergeordnete Wahrnehmungsdimensionen, wie beispielsweise die Temperatur, wahrnehmungsmäßig in den Vordergrund rücken. Unabhängig davon, welche Reize bei der haptischen Wahrnehmung im Vordergrund stehen, werden die psychophysiologischen Maße der Sensitivität der Haut beträchtlich durch kognitive Bestimmungsgrößen beeinflusst. Hierbei spielt vor allem die Aufmerksamkeit eine bedeutende Rolle, denn durch eine entsprechende Lenkung der Aufmerksamkeit kann die haptische Wahrnehmung beeinflusst werden.

Nicht erst die Berührung der Haut führt zu einer Aktivitätserhöhung, sondern bereits die Erwartung einer Berührung. Folglich reicht die auf die betreffende Hautstelle gerichtete Aufmerksamkeit aus, um eine lokale Erregungsänderung in dem Bereich des Hirns hervorzurufen, in dem die Sinneserregung zu erwarten ist. Der haptische Sinn ist sowohl für die Marken- als auch für die Produktkommunikation von essenzieller Bedeutung. So wurde in Untersuchungen nachgewiesen, dass bestimmte Gegenstände, die wiederholt haptisch erfahren wurden, als angenehmer beurteilt werden als Gegenstände, die noch nicht betastet wurden. Nach Untersuchungen von Guéguen und Jacob (2006) wirkt sich dies positiv auf das Konsumverhalten aus.

Die taktile Wahrnehmung nimmt bei Kindern einen hohen Stellenwert ein, da sie zum Identifizieren von Objekten dient. Bei Erwachsenen hingegen wird sie stärker durch die visuelle Wahrnehmung kompensiert. Die psychophysiologischen Maße der Hautsensitivität werden durch gelernte Gedächtnisinhalte, durch Aufmerksamkeit und Erwartungen bestimmt. Dabei ist es nicht von Bedeutung, welche Sinneseindrücke bei der haptischen Wahrnehmung vordergründig sind. Untersuchungen hinsichtlich der Gedächtnisinhalte haben ergeben, dass Menschen gut vertraute Objekte nur durch Tasten allein bereits innerhalb von 1 bis 2 s richtig erkennen können. Somit wird durch die richtige Wahl von Formen und Materialien eine leichtere Erinner- und Abrufbarkeit erzielt.

Für das haptische Sinnessystem sind nicht nur Interaktionseffekte zwischen den Dimensionen der Sinneseindrücke feststellbar, sondern auch Beeinflussungen anderer Sinnesmodalitäten. So wird ein dunkler Gegenstand bei objektiv gleicher Form und gleichem Gewicht als schwerer und kleiner wahrgenommen als ein heller Gegenstand. „Generell wirken helle Objekte glatter, härter, spitzer und leichter als dunkle, und dasselbe Material wird als rauer empfunden, wenn es farblich mit Hell-Dunkel-Kontrasten gestaltet ist." (Springer 2008).

In Bezug auf die haptische Wahrnehmungsdimension sind die Oberfläche und die Konsistenz des Materials von zentraler Bedeutung. Je komplexer die haptische Wahrnehmung ist, desto stärker werden die Temperatur, Form und Gewicht darüber hinaus berücksichtigt. Daraus folgt, dass die Form und die Größe eine eher untergeordnete Rolle in der Bedeutungsreihenfolge spielen. Wie zahlreiche Studien herausgefunden haben, liegt die Ursache u. a. in der besseren visuellen als haptischen Wahrnehmung dieser Sinneseindrücke. Ist das visuelle Sinnessystem nicht nutzbar, so werden Gegenstände vorrangig an ihrer Form wiedererkannt.

Die Dimension Gewicht hat vor allem Auswirkungen auf die Qualitätsbeurteilung von Objekten. So konnten Knoblich et al. (2003) im Rahmen einer Studie, in der der Einfluss des Papiergewichtes eines Prospektes untersucht wurde, nachweisen, dass ein hohes Gewicht neben einer glatten Oberfläche für eine positive Qualitätsbeurteilung verantwortlich ist. Die Dimension Oberfläche führt bei den Benutzern zu unterschiedlichen gefühlsmäßigen Reaktionen. Während beispielsweise Hölzer eine gediegene Wahrnehmungsatmosphäre verleihen, erzeugen Metalle ein Wahrnehmungsklima von Eleganz. Ferner werden harte, kantige und schwere Gegenstände, die eine raue Oberfläche aufweisen, mit der Emotionsqualität „robust" assoziiert. Im Gegensatz dazu ist die Emotionsqualität „behaglich" durch weiche und glatte Oberflächen, die sich warm anfühlen, gekennzeichnet (Meyer 2001).

Zusammenfassend kann festgehalten werden, dass innerhalb der kommunikativen Gestaltungsoption stets die Summation verschiedener haptischer Sinneseindrücke sowie die Integration der Sinnessysteme im Wahrnehmungsprozess berücksichtigt werden müssen.

2.2.4 Die Nase

Der Mensch kann Tausende verschiedener Duftstoffe unterscheiden und manche Düfte noch in extremer Verdünnung wahrnehmen. Trotzdem gelingt es der subjektiven Riechphysiologie bisher nicht, Geruchsqualitäten scharf gegeneinander abzugrenzen (Birbaumer und Schmidt 2006).

Lange Zeit galt der Geruch als ein „verlorener Sinn". Er zählt zu den „niederen" Sinnen bei uns Menschen. Aber gerade in der heutigen Zeit, in der wir mit einer visuellen und akustischen Reizüberflutung konfrontiert sind, tritt der Geruch mehr in den Vordergrund. In Tab. 2.4 sind die sieben Primärgerüche (Duftklassen), die durch Standarddüfte gekennzeichnet werden können, zusammengefasst.

Duftstoffe dienen als Signalstoffe. So erkennen Neugeborene die Mutterbrust mithilfe eines Duftes, der von den Drüsen um die Brustwarzen abgegeben wird. Alle Menschen mit Ausnahme von eineiigen Zwillingen besitzen einen Eigengeruch, der genetisch determiniert ist. Dabei gilt, dass je näher verwandt Menschen miteinander sind, desto ähnlicher ist der Eigengeruch. Dies ist die Basis für den Familiengeruch (Birbaumer und Schmidt 2006).

Gottfried und Dolan (2003) untersuchten in ihrer Studie die Verbindung von olfaktorischen und visuellen Reizen. Dabei fanden sie Kongruenz- und Inkongruenzeffekte. So wurden Düfte nicht nur signifikant besser erkannt, wenn Duft und Bild semantisch zusammenpassen (z. B. Vanille und Eiscreme), sondern auch die Reaktionszeit war in diesen Fällen beträchtlich kürzer. Österbauer et al. (2005) analysierten in ihrer Studie die Interaktion von Farben und olfaktorischen Reizen. Dabei stellten sie mit zunehmend wahrgenommener Kongruenz eine signifikante Steigerung der Aktivität in verschiedenen Gehirnarealen fest.

Die neurowissenschaftlichen Erkenntnisse zur multimodalen Reizverarbeitung sind für die Markenkommunikation mit Duftstoffen von besonderer Bedeutung. Es konnte nachgewiesen werden, dass eine semantische Verbindung zwischen den Reizen zu signifikant besseren

Tab. 2.4 Merkmale zur Kennzeichnung von Duftklassen

Duftklasse	Bekannte repräsentative Verbindungen	Riecht nach
Blumig	Geraniol	Rosen
Ätherisch	Benzylacetat	Birnen
Moschusartig	Moschus	Moschus
Campherartig	Cineol, Campher	Eukalyptus
Faulig	Schwefelwasserstoff	Faulen Eiern
Stechend	Ameisensäure, Essigsäure	Essig
Schweißig	Buttersäure	Schweiß

Ergebnissen führt als wenn zwischen den Reizen kein Zusammenhang besteht.

Folglich muss im Rahmen der Markenkommunikation eine aufeinander abgestimmte Kommunikation mit unterschiedlichen Modalitäten bessere Ergebnisse erreichen als eine nicht abgestimmte. Außerdem können darüber hinaus aufeinander abgestimmte Reize zu einer Superaddition und dadurch zu einer deutlichen Effizienzsteigerung der Kommunikation führen.

Die Riechzellen, deren Anzahl sich von Mensch zu Mensch zwischen 10 und 100 Mio. bewegt, spielen eine entscheidende Rolle für die olfaktorische Wahrnehmung. Es handelt sich dabei um primäre Sinneszellen, d. h. sie nehmen sowohl die Kodierung der chemischen Reize als auch die Weiterleitung der Signale zum Zentralnervensystem vor. Die Riechzellen besitzen eine durchschnittliche Lebensdauer von zwei Monaten und werden stets aus den Basalzellen neu gebildet (Birbaumer und Schmidt 2006).

Die Duftstoffmoleküle, die wir durch die Atmung aufnehmen, müssen mit den rund 1000 verschiedenen Geruchsrezeptoren in Kontakt kommen, wobei es von jedem Typ dieser 1000 verschiedenen Sinneszellen etwa 10.000 gibt. Diese sind auf der Riechschleimhaut zu Gruppen gleicher Riechsinneszellen zusammengefasst. Treffen die Duftstoffmoleküle auf die Riechschleimhaut und den entsprechenden Rezeptor, so wird eine Reihe von Reaktionen ausgelöst. Die Verarbeitung der Geruchsinformation erfolgt letztlich entweder im Cortex, dem Zentrum des menschlichen Bewusstseins, oder im limbischen System. Die Speicherung von Duftinformationen in unmittelbarer Nähe des limbischen Systems (Hypothalamus) ist verantwortlich für deren enge Beziehung zu unserer Gefühlswelt (Knoblich et al. 2003). Burdach (1988) weist darauf hin, dass kein anderes Sinnessystem eine so deutliche Beziehung zwischen dem Hormonstatus und der Wahrnehmungsschärfe eines Menschen aufweist.

Die Wahrnehmung olfaktorischer Reize hängt von verschiedenen Parametern ab. In diesem Kontext wird zwischen der Reizintensität (Reizstärke), der Reizart und der Reizdauer unterschieden.

Bei der Reizintensität differenziert man zwischen absoluter Reizschwelle, Wahrnehmungs- oder auch Unterschiedsschwelle und Erkennungsschwelle.

Die absolute Reizschwelle (Geruchsschwelle) ist jene minimale Reizintensität, bei der ein olfaktorischer Reiz gerade wahrgenommen wird. Sie liegt in der Konzentration eines Duftstoffes, von der an der Duft vom Menschen wahrgenommen werden kann und ist von Duftstoff zu Duftstoff verschieden. Die Wahrnehmungsschwelle beschreibt den Wert, ab welchem eine Person einen Unterschied in der Reizkonzentration feststellen kann und wird von der Sättigungsschwelle begleitet. Ab einer bestimmten Konzentration ergibt eine Steigerung der Konzentration keine Veränderung der Empfindung mehr. Die Erkennungsschwelle gibt an, ab wann ein Reiz identifiziert wird. Sie wird erst oberhalb der absoluten Wahrnehmungsschwelle erreicht (Rempel 2006).

Die Riechschärfe gibt die Sensibilität für Duftstoffe an und beeinflusst Wahrnehmung, Identifikation und Diskriminierung von Duftstoffen. Sie wird von zahlreichen intraindividuellen (z. B. Geschlecht, Alter, Gesundheitszustand und Hormonhaushalt) und interindividuellen Faktoren beeinflusst. Bei Letzteren geht man von einer genetischen Veranlagung aus, obwohl durch Training eine größere Sensibilität erzielt werden kann. Die Riechschärfe ist nicht zu verwechseln mit der Geruchsfeinheit. Letztere umfasst das Vermögen kleine Geruchsunterschiede wahrnehmen zu können. Die beiden Ausdrücke werden oftmals miteinander verwechselt, da auch meistens die Schärfe mit der Feinheit zusammenfällt.

Der Geruchssinn (wie auch der Geschmackssinn) reagiert auf chemische Substanzen aus der Umwelt. Somit unterscheidet sich die Reizart von den anderen Sinnesmodalitäten, die auf elektromagnetische oder mechanische Reize reagieren. Wie bei anderen Sinnen kann es auch beim Geruchssinn Rezeptorfehler geben. Diese Unfähigkeit, einen bestimmten Duftstoff wahrzunehmen, nennt man Anosmie. Sie kann sich als Partial- und Total-Anosmie äußern. Da Düfte fast ausschließlich Gemische sind, ergibt sich das Problem, dass durch die Geruchsblindheit für einen Duftstoff eine ganze Reihe von Düften anders wahrgenommen wird als bei normalem Riechvermögen.

Die Reizdauer umfasst die Begriffe Adaptation, Deadaptation, Kreuzadaptation, Faciliation und Habitualisierung. Wird das olfaktorische System eines Menschen über einen gewissen Zeitraum einem Duftreiz von gleichbleibender Konzentration ausgesetzt, führt dies zur

Adaptation. Diese ist abhängig von der Dauer der Darbietung und der Intensität des Reizes. Diese Sensibilitätsverminderung kann soweit führen, dass bei schwachen Reizen der Duft überhaupt nicht mehr wahrgenommen wird. Die Adaptation ist nur ein vorübergehendes Phänomen, denn nachdem die Person dem Duftreiz nicht mehr ausgesetzt ist, kommt es zur Wiederherstellung der ursprünglichen Sensibilität für den Duftstoff. Dieser Vorgang wird Deadaptation genannt. Eine Sensibilitätsverminderung für einen Duft kann dabei auch zu einer Reduktion (Kreuzadaption) als auch zu einer Erhöhung (Faciliation) der Empfindungsintensität anderer Duftstoffe führen. Es kann auch zu einer Habitualisierung, also zur „Gewöhnung" an bestimmte Düfte kommen. Diese entsteht durch häufigen Kontakt mit einem bestimmten olfaktorischen Reiz.

Im Rahmen multisensorischen Marketings ist beim Einsatz von Duft jedoch darauf zu achten, dass der Markenduft durch die unbewusste Aktivierung des Konsumenten die Aufmerksamkeit auf die Marke lenkt, denn die Duftwahrnehmung kann insbesondere von visuellen oder verbalen Reizen beeinflusst werden. Das Erfolgspotenzial liegt im Einsatz eines Markenduftes, der aus dem Verwendungszusammenhang der Markenprodukte bereits bekannt und daher markenaffin ist. Er sollte von möglichst vielen Konsumenten aus der Zielgruppe als angenehm empfunden werden, mit wenig negativen Assoziationen behaftet sein und autobiografische Erinnerungen an zurückliegende emotionale Ereignisse wecken. Wird der Duft mit emotionalen Markenerlebnissen assoziiert, dient er als wirksamer Gedächtnisanker, der diese positiven Markenerlebnisse auch nach längerer Zeit wieder in Erinnerung rufen kann (Hehn 2006).

2.2.5 Die Zunge

Unter Geschmack, auch als Gustatorik oder gustatorische Wahrnehmung bezeichnet, versteht man in einer ganzheitlichen Betrachtungsweise alle Empfindungen, die über orale Reize während der Nahrungsaufnahme entstehen. Besonders interessant ist das gemeinsame Empfinden von Geruch und Geschmack, wobei man in diesem

Zusammenhang auch von der so genannten retronasalen Aromawahrnehmung spricht. Dieses Zusammenspiel von Geruch und Geschmack lässt sich daran beobachten, wie sich der Geschmack einer Speise verändert, wenn man sich bei ihrem Verzehr die Nase zuhält und damit die olfaktorische Wahrnehmung ausschließt. Dadurch wird der Geschmack der Speise auf die vier Geschmacksqualitäten reduziert und häufig als fade empfunden (Knoblich et al. 2003).

Ein wichtiges Differenzierungsmerkmal ist, dass die Geschmackssensoren ausschließlich auf der Zunge liegen, während das Geruchsepithel im Nasen- und Rachenraum angesiedelt ist. Die Abgrenzung des Geschmacks vom Geruch erfolgt dahin, dass es nur fünf Geschmacksqualitäten gibt, die in der Wissenschaft anerkannt sind, nämlich süß, salzig, bitter, sauer und umami. Neben den Grundqualitäten unterscheidet man noch zwei Nebenqualitäten, nämlich alkalisch (oder auch seifig) und metallisch.

Beim Geruch hingegen können tausende verschiedene Duftstoffe unterschieden werden. Da unser Geruchssinn rund 10.000 Mal sensitiver reagiert als unser Geschmackssinn, nehmen wir mehr Geschmackswahrnehmungen über die Nase auf als über den Mund. An der Entstehung von Geschmackseindrücken sind nicht nur die Geschmacksknospen der Zunge beteiligt, sondern alle fünf Sinne. Ob uns etwas gut schmeckt oder nicht, wird zum einen genetisch bestimmt und zum anderen durch den physiologischen Zustand (Entbehrung, Lernen) beeinflusst.

Auch das Gehör ist mittelbar an der Geschmackswahrnehmung beteiligt, da es etwa beim Zermalmen von spröden, knusprigen Objekten, wie beispielsweise Keksen, Informationen zum Geschmack beisteuert, die den sensorischen Gesamteindruck von Nahrungsmitteln mitprägen können. Die Kontaktaufnahme mit einem Objekt erfolgt für den Geschmackssinn als auch für die Haptik freiwillig und somit willentlich. Hingegen sehen, hören oder riechen wir Objekte häufig auch unfreiwillig bzw. passiv, da wir die drei letztgenannten Sinne nicht bzw. nur temporär „ausschalten" können, ohne unser Verhalten nachhaltig zu beeinträchtigen.

Drei Funktionen des Geschmackssinns sind hervorzuheben. Zum einen wird über den Geschmack die Nahrung auf Verträglichkeit geprüft. Die zweite Funktion beinhaltet die antizipatorische und reflektorische Aktivierung der Verdauungsdrüsen. Drittens hat der Geschmack eine besondere psycho-physiologische Funktion als primärer positiver Verstärker oder als primärer Bestrafungsreiz. Geschmacksaversionen und -vorlieben sind häufig durch Lernen erworben.

Mit der Zunge nehmen wir die Geschmacksrichtungen süß, sauer, salzig und bitter wahr. Dazu dienen vier Arten von Papillen (Faden-, Blätter-, Pilz- und Wallpapillen) mit insgesamt 9000 Geschmacksknospen, die jeweils 30 bis 80 Rezeptorzellen enthalten und sich auf dem Zungenrücken befinden.

Die Rezeptorzellen sind dafür verantwortlich, Geschmack in elektrische Impulse umzuwandeln und diese an die Enden von sensorischen Nervenfasern im Zungenkörper weiterzuleiten. Während vornehmlich die Zungenspitze den Geschmack „süß" wahrnimmt, werden „salzig" und „sauer" von den Zungenrändern und „bitter" vom hinteren Teil der Zunge geschmeckt. Mittlerweile ist bekannt, dass jeder Bereich der Zunge alle Geschmacksrichtungen wahrnimmt, jedoch mit unterschiedlicher Intensität.

Der gustatorische Reiz wirkt häufig im Zusammenspiel mit anderen Reizen, wie beispielsweise der Farbwahrnehmung. DuBose et al. (1980) konnten in einem Geschmackstest feststellen, dass Farbe einen bedeutenden Einfluss auf die Geschmacksempfindung hat. So wurde von Probanden beispielsweise Kirschsaft, der nicht der ursprünglichen Farbe entsprach, nicht mehr als solcher geschmacklich erkannt.

Grundsätzlich verbinden Konsumenten einen bestimmten Geschmack (und Geruch) mit einer spezifischen Farbe. Einer Studie von Garber et al. (2000) zufolge dominiert die Farbgebung bei Orangensaftgetränken die Beschriftung und das Geschmacksempfinden.

Eine Reihe von Studien hat belegen können, dass neben dem Einfluss von Farbe und Geschmacksbezeichnung auf die Geschmackswahrnehmung auch Textur, Temperatur und Klang Einfluss auf unsere Wahrnehmung nehmen. So nehmen wir häufig gustatorische Reize in Verbindung mit akustischer Wahrnehmung auf, beispielsweise wenn wir in einen Keks beißen. Neben der Geschmacksqualität und der Intensität sind auch die Konsistenz, die chemosensorische Qualität und der gefühlorientierte hedonische Wert eines Produktes, der als Wohlgefühl oder Ekel wahrgenommen wird, von Bedeutung.

In einer Studie (2008) der Universität Kopenhagen konnte bei 8900 Kindern ab dem Grundschulalter nachgewiesen werden, dass Mädchen einen deutlich feineren Geschmackssinn besitzen als Buben. Mädchen können bei Lebensmitteln sowohl süße als auch saure Nuancen besser erkennen als gleichaltrige Burschen. Die Studie zeigt auch, dass sich der Geschmackssinn bei Kindern mit steigendem Alter verfeinert.

2.3 Integration der Sinnessysteme

Das Zusammenwirken aller Sinnessysteme impliziert eine Integration. Unter der sensorischen Integration versteht man die sinnvolle Ordnung und Aufgliederung von Sinneserregung, um diese nutzen zu können. Die Sinne wirken bereits bei einfachen Wahrnehmungsprozessen zusammen, um aus den einzelnen Sinneseindrücken ein vollständiges und umfassendes Ganzes zu schaffen. Eine gedankliche Informationsverarbeitung von aufgenommenen Umweltreizen kann dabei nicht ohne aktivierende Vorgänge in Form von Emotionen, Motivationen und Einstellungen stattfinden.

Die Komplexität innerhalb des Ablaufes der Wahrnehmung von Sinnesreizen ergibt sich aus der Zusammensetzung physikalischer, physiologischer und psychologischer Komponenten. Man unterscheidet dabei drei Abschnitte, nämlich Rezeption, Transmission und Perzeption. Zunächst werden im physikalischen Abschnitt Informationen in Form von Sinnesreizen bzw. Rezeptoren von den Sinnesorganen aufgenommen, verstärkt und kodiert (Rezeption). Im zweiten (physiologischen) Abschnitt werden die Informationen an die nachgeschalteten Nervenzellen weitergegeben, die durch die synaptische Übertragung erregt werden (Transmission). Letztlich werden im psychologischen Abschnitt die Informationen im Gehirn verarbeitet und beantwortet, indem sie mit Vorinformationen, Erfahrungen und Erwartungen verknüpft werden (Perzeption). Die Aktivität, Subjektivität und Selektivität spielen eine bedeutende Rolle dabei, nach welchen individuellen Kriterien die ausgewählten Informationen verarbeitet werden. Schließlich entsteht ein sensualer Gesamteindruck, der durch die Verknüpfung und Bewertung der über die verschiedenen Sinnesorgane aufgenommenen Reize gebildet wird.

Durch die parallele Aufnahme über mehrere Sinneskanäle kann die Wahrscheinlichkeit erhöht werden, eine empfangene Information auf ihren Wahrheitsgehalt zu überprüfen und sich ex post besser daran zu erinnern. Dabei können Nervenzellen im Gehirn bis zu zwölfmal stärker feuern, wenn sie über mehrere Sinne mit gleichen Bedeutungen angesprochen werden (Salzmann 2007).

Beim Menschen wurde nachgewiesen, dass die multisensorische Integration von visuellen und olfaktorischen Reizen im Orbitofrontal Cortex stattfindet. Wie der Mechanismus genau funktioniert, ist bis heute nicht geklärt. Es gelten dabei die folgenden Regeln:

- Treffen zwei oder mehr sensorische Reize zum gleichen Zeitpunkt am selben Ort zusammen, kommt es zu einer messbaren Veränderung in der Feuerungsrate der multisensorischen Neuronen. Wenn die Reize einzeln dargeboten werden, so ergibt sich keine Veränderung in den Neuronen.
- Multisensorische Reize verleihen den sensorischen Erlebnissen eine gewisse Tiefe und Komplexität. Außerdem werden die Schnelligkeit und die Genauigkeit der Beurteilung einzelner Erlebnisse in einem Maße verbessert, die bei einzelnen Kanälen so nicht erreicht werden würde.
- emotionalen Ausdrucks durch einzelne Die Summe der Aktivitäten der Neuronen kann weitaus größer sein als die Aktivität bei der Darbietung der einzelnen Reize (Superadditivität), wobei jedoch hierfür die sensorischen Reize in räumlicher und zeitlicher Nähe zueinander stehen müssen. Ist dies nicht der Fall, so kann es auch zu einer Verringerung der Aktivität kommen (Subadditivität).

Während des Wahrnehmungsprozesses nehmen die Sinnesorgane Informationen über weitgehend unabhängige Sinneskanäle auf, um sie anschließend zu einem ganzheitlichen Bild zusammenzufügen. Bei einem Kauf eines Apfels, werden bei der Wahrnehmung nicht nur Preis, Farbe, Form und Größe berücksichtigt, sondern auch der Geruch, die Härte und die gefühlte Oberflächenstruktur des Apfels. Da rund 70 bis 80 % aller Entscheidungen aufgrund gespeicherter Reiz-Reaktionsmuster unbewusst ablaufen, ist eine gezielte Nutzung möglichst aller fünf Sinneskanäle erstrebenswert.

Multisensorisches Marketing ermöglicht – vorausgesetzt bei richtiger Umsetzung – eine einzigartige Wahrnehmung und dauerhafte Präferenz der Produkte oder Dienstleistungen eines Unternehmens. Multisensorisches Marketing bietet vielversprechende Möglichkeiten, Konsumenten bei höherer Zahlungsbereitschaft und stetiger Nachfrage langfristig und mit allen Sinnen an eine Marke zu binden.

In der Studie „5-Sense-Branding" von MetaDesign und diffferent (2007) zur multisensorischen Markenführung wurde untersucht, inwieweit sich Markenwerte über jeden unserer fünf Sinne differenziert wahrnehmen lassen. Dabei hat sich bestätigt, dass die Ansprache des Konsumenten auf mehreren Sinnesebenen zu einer höheren Erlebnisqualität und Wahrnehmungsintensität und damit zu einer höheren Markenbindung beiträgt (Pechmann und Brekenfeld 2007).

Lindstrom konnte bereits in seiner BRAND sense Studie (2005) nachweisen, dass sowohl die Markenbindung als auch die wahrgenommene Wertigkeit einer Marke durch multisensorische Markenkommunikation erhöht werden können. Mit jedem zusätzlich genutzten Sinneskanal nimmt die Anzahl der sinnlich aktivierten Erinnerungen weiter zu. Folglich können durch multisensorische Markenkommunikation mehr sinnliche Erinnerungen aktiviert werden, die wiederum zu einer größeren Bindung zwischen Marke und Konsument führen.

Während haptische und gustatorische Empfindungen eine aktive, durch den Konsumenten gewollte Wahrnehmung voraussetzen, erfolgt die olfaktorische, visuelle und akustische Wahrnehmung meist eher passiv und somit mehr oder weniger unfreiwillig.

Aufgrund des weiter steigenden Differenzierungsdrucks werden Unternehmen in Zukunft der multisensorischen Markenkommunikation verstärkte Aufmerksamkeit widmen, da Menschen ihre Umgebung mit allen fünf Sinnen wahrnehmen und folglich ihre Entscheidungen auf Basis ihrer multisensorischen Wahrnehmung treffen. Die verschiedenen Sinneseindrücke lösen unterschiedliche Assoziationen aus und sprechen unterschiedliche Werte an, die letztlich zum Kauf führen können.

Ihr Transfer in die Praxis
- Nutzen Sie in Ihrem privaten bzw. beruflichen Umfeld bestimmte Sinnesorgane mehr als andere?
- Kennen Sie Produkte oder Dienstleistungen, die vier oder fünf Sinne ansprechen?
- Bevorzugen Sie einen bestimmten Sinn, wenn Sie einkaufen gehen?

Literatur

Anderson JR (2007) Kognitive Psychologie, 6. Aufl. Spektrum, Heidelberg

Bartels R, Bartels H, Jürgens KD (2004) Physiologie: Lehrbuch der Funktionen des menschlichen Körpers, 7. Aufl. Elsevier, München

Birbaumer N, Schmidt RF (2006) Biologische Psychologie, 6. Aufl. Springer, Berlin

Braem H (1985) Die Macht der Farben. Bedeutung und Symbolik. 9 Aufl. Langen/Müller, München

Bruner GC (1990) Music, mood and marketing. J Mark 54(4):94–104

Burdach KJ (1988) Geschmack und Geruch. Gustatorische, olfaktorische und trigeminale Wahrnehmung. Huber, Bern-Stuttgart-Toronto

Chen JV, Ross WH, Yen DC (2009) The effect of types of banner ad, web localization, and customer involvement on internet users' attitudes. Cyberpsychol Behav 12(1):71–73

Crook MN (1957) Facsimile-generated analogues for instrumental form displays. In: Wulfeck JW, Taylor JH (Hrsg) Form discrimination as related to military problems. The National Academies Press, Washington D.C.

Ditzinger T (2006) Illusionen des Sehens – eine Reise in die Welt der visuellen Wahrnehmung. Spektrum, Heidelberg

DuBose CN, Cardello AV, Maller O (1980) Effects of colorants and flavorants on identification, perceived flavor intensity, and hedonic quality of fruit-flavored beverages and cakes. J Food Sci 45:1393–1399

Flückiger B (2001) Sound Design. Die virtuelle Klangwelt des Films. Schüren, Marburg

Garber LL Jr, Hyatt EM, Starr RG (2000) The effects of food color on perceived flavor. J Mark Theor Pract 8:59–72

Gaver WW (1988) Everyday listening and auditory icons, Dissertation. University of California, San Diego

Gibson JJ (1973) Die Sinne und der Prozess der Wahrnehmung. Huber, Bern [u. a.]

Gottfried JA, Dolan RJ (2003) The nose smells what the eye sees crossmodal visual facilitation of human olfactory perception. Neuron 39(July):375–386

Guéguen N, Jacob C (2006) The effect of tactile stimulation on the purchasing behaviour of consumers: an experimental study in a natural setting. Int J Manage 23(1):24–33

Haverkamp M (2001) Synästhetische Wahrnehmung und Geräuschdesign. In: Becker K (Hrsg) Subjektive Fahreindrücke sichtbar machen II. Haus der Technik Fachbuch 12. Expert, Renningen-Malmsheim

Hehn P (2006) Emotionale Markenführung mit Duft: Duftwirkungen auf die Wahrnehmung und Beurteilung von Marken. Forschungsforum, Göttingen-Rosdorf

Heller E (2004) Wie Farben wirken. Farbpsychologie, Farbsymbolik, Kreative Farbgestaltung. Rowohlt, Reinbek/Hamburg

Helms S (1981) Musik in der Werbung. In: Materialien zur Didaktik und Methodik des Musikunterrichts, Bd 10. Breitkopf & Härtel, Wiesbaden

Hevner K (1936) Experimental studies of the elements of expression in music. Am J Psychol 48(April):246–268

Kesseler H (2004) Didaktische Strategien beim Wissenstransfer im Spannungsfeld von bildungsdidaktischen und kommunikationswissenschaftlichen Ansprüchen. Univ., Diss, München

Kilian K (2007) Multisensuales Markendesign als Basis ganzheitlicher Markenkommunikation. In: Florack A, Scarabis M, Primosch E (Hrsg) Psychologie der Markenführung, S 323–356

Knoblich H, Scharf A, Schubert B (2003) Marketing mit Duft, 4. Aufl. Oldenbourg, München

Küthe E, Küthe F (2003) Marketing mit Farben Gelb wie der Frosch. Gabler, Wiesbaden

Lindstrom M (2005) Brand sense – build powerful brands through touch, taste, smell sight and sound. Free Press, New York

Linxweiler R (2004) Marken-Design: marken entwickeln, Markenstrategien erfolgreich umsetzen, 2. Aufl. Gabler, Wiesbaden

Lippert H (2011) Lehrbuch Anatomie, 8. Aufl. Elsevier, München

Meyer S (2001) Produkthaptik: messung Gestaltung und Wirkung aus verhaltens-wissenschaftlicher Sicht. Gabler, Wiesbaden

Möser M (2009) Technische Akustik, 8. Aufl. Springer, Berlin/Heidelberg

Österbauer RA, Matthews PM, Jenkinson M, Beckmann CF, Hansen PC (2005) Color of scents: chromatic stimuli modulate odor responses in the human brain. J Neurophysiol 93:3434–3441

Pechmann J, Brekenfeld A (2007) 5-Sense-Branding – multisensorische Markenführung: eine explorative Grundlagenstudie mit Empfehlungen für die Praxis, durchgeführt von MetaDesign und diffferent

Rempel JE (2006) Olfaktorische Reize in der Markenkommunikation, Theoretische Grundlagen und empirische Erkenntnisse zum Einsatz von Düften. Gabler, Wiesbaden

Roederer JG (2000) Physikalische und psychoakustische Grundlagen der Musik, 3. Aufl. Springer, Berlin et al

Salzmann R (2007) Multimodale Erlebnisvermittlung am Point of Sale: eine verhaltens-wissenschaftliche Analyse unter besonderer Berücksichtigung der Wirkungen von Musik und Duft. Gabler, Wiesbaden

Scharf A (2000) Sensorische Produktforschung im Innovationsprozess. Schäffer-Poeschel, Stuttgart

Spitzer M (2002) Musik im Kopf. Schattauer, Stuttgart

Springer C (2008) Multisensuale Markenführung: eine Analyse unter besonderer Berücksichtigung von Brand Lands in der Automobilwirtschaft. Gabler, Wiesbaden

von Cube F (1970) Was ist Kybernetik? – grundbegriffe, Methoden, Anwendungen, 3 Aufl. Schünemann, Bremen

3
Markenrecht – Markenformen mit Sinn

Zusammenfassung Markeninhaber haben in den letzten Jahren große Anstrengungen unternommen, um ihre innovativen Markenformen in das Markenregister eintragen zu lassen. Markenformen bestimmen die unterschiedlichen Wirkungsarten von Marken als Kommunikationszeichen auf die menschlichen Sinnesorgane. Marken können sowohl den visuellen, den auditiven, den olfaktorischen, den gustatorischen als auch den haptischen Sinn ansprechen. Das Deutsche Patent und Markenamt (DPMA) unterscheidet 14 unterschiedliche Markenformen, die registriert werden können. Durch das in 2019 in Kraft getretene Markenrechtsmodernisierungsgesetz (MaMoG) kam es zu bedeutsamen Änderungen im Markengesetz und in der Markenverordnung. Eine bedeutsame Änderung ist der Wegfall der grafischen Darstellbarkeit von Markenformen. So können – Schutzfähigkeit vorausgesetzt – beispielsweise geräuschhafte Klangmarken (ehemalig Hörmarken) oder Multimediamarken in den vorgesehenen elektronischen Formaten sowie sonstigen Markenformen eingetragen werden.

> **Was Sie aus diesem Kapitel mitnehmen**
>
> - Welche Markenformen das Markenregister des Deutschen Patent und Markenamtes (DPMA) unterscheidet.
> - Welche Markenformen in Europa am häufigsten eingetragen werden.
> - In welchem Amt eine Marke nationalen, europäischen und internationalen Markenschutz erlangen kann.
> - Welche Änderungen sich für die Eintragung von Marken durch das in 2019 in Kraft getretene Markenrechtsmodernisierungsgesetz (MaMoG) ergeben.
> - Wie lange die Schutzdauer einer eingetragenen Marke anhält.

Das Markenrecht ist ein Teilgebiet des sogenannten Kennzeichenrechts, das neben dem Markenrecht auch den Schutz von Namen und Firmenkennzeichen oder den Schutz von Werktiteln umfasst. In Deutschland beinhaltet das Markengesetz (MarkenG) gemäß § 3 Abs 1 MarkenG folgende Definition:

Als Marke können alle Zeichen, insbesondere Wörter einschließlich Personennamen, Abbildungen, Buchstaben, Zahlen, Klänge, dreidimensionale Gestaltungen einschließlich der Form einer Ware oder ihrer Verpackung sowie sonstige Aufmachungen einschließlich Farben und Farbzusammenstellungen geschützt werden, die geeignet sind, Waren oder Dienstleistungen eines Unternehmens von denjenigen anderer Unternehmen zu unterscheiden (MarkenG).

Während die Marke dem Konsumenten als Kennzeichnung von Waren und Dienstleistungen eines Unternehmens dient, stellt sie für Unternehmen im geschäftlichen Verkehr ein Abgrenzungsmittel gegenüber anderen dar. Marken können für die Qualität eines Unternehmens stehen, zählen ebenso wie Patente zu dessen geistigem Eigentum und stellen schließlich einen Vermögenswert dar. Rechtlich gesehen ist die Marke ein territorial begrenztes, selbstständiges Vermögensrecht. Sie lässt sich durch ihre Registrierung leichter gegen Nachahmende verteidigen, die unberechtigt an Ihrem Erfolg teilhaben wollen.

Die Komplexität der markenrechtlichen Schutzfähigkeit führt dazu, dass die miteinander verwobenen multisensorischen Markeneindrücke nicht oder nur unter unverhältnismäßig hohem Aufwand vom Wettbewerb imitiert werden können. Grundsätzlich unterscheidet man in diesem Zusammenhang zwischen Markenpiraterie, Produktpiraterie und dem sogenannten Counterfeiting. Während Markenpiraterie eine Nachahmung des Markennamens voraussetzt, der in weiterer Folge für gleichartige Waren eingesetzt wird (Beispiel: Lacoste-Krokodil auf Handschuhen), handelt es sich bei Produktpiraterie um eine Nachahmung des Produktes, welches mit einem fremden Markenzeichen versehen wird (Beispiel: Ritter-Sport-Verpackung wird imitiert). Beim Counterfeiting werden die vorangegangenen Nachahmungen kombiniert (Beispiel: Das imitierte Lacoste-Krokodil wird auf T-Shirts eingesetzt) (Esch und Geus 2005).

Aufgrund des wachsenden Konkurrenzkampfes sowie der zunehmenden Intensität der Markenpiraterie hat der rechtliche Schutz von Marken und Markenzeichen stark an Bedeutung gewonnen. Die Aufgabe des Markenschutzes besteht darin, alle schutzfähigen Brand Icons (Name, Logo, markenspezifische Melodien etc.) vor dem Zugriff und Missbrauch durch die Konkurrenz rechtlich abzusichern, um einer Erosion des Markenwertes vorzubeugen. Bevor man seine Marke anmeldet, sollten jedoch grundsätzliche Fragen zu Schutzmöglichkeiten, Kollisionsgefahr, Recherche, Verfahren, Kosten oder Auslandsschutz geklärt werden. Als rechtliche Grundlage wird für dieses Kapitel das deutsche (Marken)Recht herangezogen.

Am 14.01.2019 trat das Markenrechtsmodernisierungsgesetz (MaMoG) und damit die Novellierung des Markengesetzes (MarkenG) in Kraft. Das Gesetz setzte die EU-Markenrechtsrichtlinie 2015/2436 vom 16. Dezember 2015 in nationales Recht um und führte unter anderem zu Änderungen im Markengesetz und in der Markenverordnung (Markenrechtsmodernisierungsgesetz).

Eine bedeutsame Änderung ist der Wegfall der grafischen Darstellbarkeit. Mussten Registermarken bis dahin grafisch darstellbar sein, genügt es nun, dass sie eindeutig und klar bestimmbar sind. Diese Änderung trägt den Bedürfnissen des Marktes nach modernen Markenformen Rechnung und orientiert sich an den technischen Möglichkeiten zur Darstellung einer Marke im elektronischen Register. So können – Schutzfähigkeit vorausgesetzt – beispielsweise geräuschhafte Klangmarken (ehemalig Hörmarken), Multimediamarken oder Hologramme in den vorgesehenen elektronischen Formaten sowie sonstigen Markenformen eingetragen werden.

Die Gesetzesänderung ist Teil einer umfassenden europäischen Markenrechtsreform, die die Koexistenz der verschiedenen Markensysteme innerhalb der EU fördern und ein kohärentes System von nationalen und unionsweiten Markenrechten erreichen soll. Ein weiteres Ziel des Gesetzes ist die effektive Bekämpfung der wachsenden Produktpiraterie. Die Grundtendenz des MaMoG ist klar auf die Stärkung der Rechte des Markeninhabers ausgerichtet.

Die Schutzdauer einer eingetragenen Marke endet genau 10 Jahre nach dem Anmeldetag, wobei die Schutzdauer immer wieder um 10 Jahre verlängert werden kann. Somit ist eine Marke unbegrenzt verlängerbar und kann sozusagen ewig existieren. Wird eine Marke jedoch nach der Eintragung innerhalb eines Zeitraumes von fünf Jahren nicht benutzt, so kann es auf Antrag wegen Verfalls zu einer Löschung der Marke aus dem Markenregister kommen. Außerdem kann die Eintragung der Marke auf Antrag wegen Nichtigkeit aufgrund absoluter Schutzhindernisse gelöscht werden.

Der Markeninhaber erwirbt mit der Eintragung in das Markenregister das alleinige Recht, die Marke für die geschützten Waren und/oder Dienstleistungen zu benutzen. Der Inhaber der Marke besitzt die Befugnis, seine Marke zu verkaufen, andere Marken zu kaufen oder ein Nutzungsrecht an seiner Marke einzuräumen (Markenlizenz). Bei Verletzung seines Markenrechts stehen dem Inhaber der Marke Unterlassungsansprüche bzw. Schadensersatzansprüche zu.

Markenformen bestimmen die unterschiedlichen Wirkungsarten von Marken als Kommunikationszeichen auf die menschlichen Sinnesorgane. Marken können sowohl den visuellen, den auditiven, den olfaktorischen, den gustatorischen als auch den haptischen Sinn ansprechen. Dabei besitzen die eintragungsfähigen Marken sehr unterschiedliche Formen.

Derzeit (Stand: Mai 2024) unterscheidet das Markenregister des DPMA (2021) folgende Markenformen: Wortmarke, Bildmarke, Wort-/Bildmarke, Farbmarke, Hörmarke, Klangmarke, Dreidimensionale Marke (insbesondere Warenverpackungen), Kennfadenmarke, Positionsmarke, Mustermarke, Bewegungsmarke, Multimediamarke, Hologrammmarke und Sonstige Marke. In Tab. 3.1 sind die die Markenformen zusammengefasst.

Analysiert man die Anzahl der Registrierungen der unterschiedlich klassifizierten Markenformen in Deutschland, Österreich, der Schweiz und im Amt der Europäischen Union für Geistiges Eigentum (EUIPO), so kann festgehalten werden, dass Wortmarken, Wort-/Bildmarken und Bildmarken mit Abstand den größten Anteil daran ausmachen. Somit sprechen die eingetragenen Markenformen überwiegend den visuellen Sinn an. Die restlichen Markenformen spielen im Vergleich (noch) eine untergeordnete Rolle, wobei auf 3D-Marken, Klangmarken und Farbmarken die meisten Eintragungen entfallen. Markenformen, die den Geruchssinn oder Geschmackssinn ansprechen, können derzeit nur als „Sonstige Marke" in das Markenregister eingetragen werden.

Grundsätzlich kann eine Marke nationalen, europäischen und internationalen Markenschutz erlangen. So kann eine Marke nicht nur als nationale Klangmarke beim DPMA (nationaler Schutz) eingetragen werden, sondern auch als Unionsmarke beim EUIPO in Alicante (Spanien), wodurch die Marke in allen 27 Mitgliedstaaten der Europäischen Union (EU) geschützt ist (europäischer Schutz). Die Unionsmarke ist für diejenigen von Vorteil, die länderübergreifend im europäischen Raum tätig sein wollen. Außerdem besteht die Möglichkeit, eine Marke nach der Bestimmung des Madrider Markenabkommens (MMA) bei

Tab. 3.1 Markenformen des DPMA

Wortmarke	Bildmarke
Wort-/Bildmarke	Farbmarke
Hörmarke (alt)	Klangmarke (neu)
Dreidimensionale Marke	Kennfadenmarke
Positionsmarke	Mustermarke
Bewegungsmarke	Multimediamarke
Hologrammmarke	Sonstige Marke

der World Intelectual Property Organization (WIPO) in Genf als internationale Marke anzumelden (internationaler Schutz). Dieser Schutz kann bis zu 80 Länder umfassen.

Das Markenrecht befindet sich stets im Wandel und wird durch die Markenanmeldungen und durch die Entscheidungen der Gerichte ständig verändert und angepasst. Markeninhaber haben in den letzten Jahren große Anstrengungen unternommen, um ihre innovativen Markenformen in das Markenregister eintragen zu lassen. Diese Anmeldungen bzw. Registrierungen neuer Markenformen als auch das in 2019 in Kraft getretene MaMoG lassen hoffen, dass auch in Zukunft neue Markenformen zur Eintragung zugelassen werden und so den Bedürfnissen des Marktes nach modernen Markenformen Rechnung getragen wird. Der Wegfall der vormals notwendigen grafischen Darstellbarkeit von Markenformen erleichtert die Markenanmeldungen und orientiert sich an den technischen Möglichkeiten zur Darstellung einer Marke im elektronischen Register.

Ihr Transfer in die Praxis

- Prüfen Sie, ob und wie Sie Ihre Marke(n) im DPMA bzw. in anderen Markenämtern registrieren lassen können.
- Nutzen Sie die Datenbank des DPMA, um etwaige Marken von Wettbewerbern zu analysieren.
- Sehen Sie sich im DPMA die Einträge zu „Sonstige Marke" an, um mögliche Registrierungen von innovativen Markenformen zu analysieren.

Literatur

DPMA (2021) Markenformen und deren Darstellung. https://www.dpma.de/marken/anmeldung/erforderliche_angaben/markenformenundderendarstellung/index.html. Zugegriffen: 29 Apr 2021

Esch F-R, Geus P (2005) Ansätze zur Messung des Markenwertes. In: Esch F-R (Hrsg) Moderne Markenführung. Grundlagen. Innovative Ansätze. Praktische Umsetzungen, 4 Aufl. Gabler, Wiesbaden, S 1263–1306

Markengesetz. https://www.gesetze-im-internet.de/markeng/__3.html. Zugegriffen: 29 Apr 2021

Markenrechtsmodernisierungsgesetz (MaMoG) trat am 14.01.2019 in Kraft. https://www.haufe.de/recht/weitere-rechtsgebiete/wirtschaftsrecht/marken-rechtsmodernisierungsgesetz-tritt-am-1412019-in-kraft_210_481612.html. Zugegriffen: 29 Apr 2021

4

Multisensorisches Marketing

Inhaltsverzeichnis

4.1 Der Einfluss der Optik auf die Markenwahrnehmung 57
4.2 Der Einfluss der Akustik auf die Markenwahrnehmung 60
4.3 Der Einfluss der Haptik auf die Markenwahrnehmung 68
4.4 Der Einfluss der Olfaktorik auf die Markenwahrnehmung 70
4.5 Der Einfluss der Gustatorik auf die Markenwahrnehmung 75
4.6 Multisensorisches Markendesign 76
4.7 Erfolgsfaktoren für multisensorische Markenführung 78
4.8 Risiken der multisensorischen Markenführung 80

Zusammenfassung Aktuell überlassen die meisten Marktverantwortlichen bei der Markenentwicklung vier von fünf Sinnen dem Zufall. Markenbotschaften werden aktuell oft nur mono- oder duosensual kommuniziert, d. h. auf ein oder zwei Sinneskanälen – meist visuell und akustisch. Dadurch verschenken Unternehmen erheblich Potenzial, um ihre Marken besser bekannt zu machen und auf einzigartige Art und Weise im Gedächtnis der Konsumenten zu verankern. Für einen durchschlagenden Erfolg müssen möglichst alle fünf Sinne und ihre Wechselwirkungen gezielt gesteuert werden. Die multisensorische Beeinflussung der Konsumenten – über visuelle und akustische Reize, über Duft-, Geschmacks- und Tastreize – wird in Zukunft eine weitaus größere Rolle spielen.

> **Was Sie aus diesem Kapitel mitnehmen**
>
> - Welchen Zusammenhang Markenidentität und Markenimage besitzen.
> - Wieviel Prozent unserer Sinneseindrücke über den Sehnerv aufgenommen werden.
> - Welche Wirkung akustische Reize in der Kommunikation entfalten können.
> - In welchen Industriebereichen die Haptikforschung eine bedeutende Stellung einnimmt.
> - Welche Priorität der Geruchssinn für Kaufentscheidungen hat.
> - Welchen Stellenwert die Gustatorik bei der Sinneswahrnehmung und Kaufentscheidung hat.
> - Von welchen Faktoren die Intensität der multisensorischen Wahrnehmung abhängig ist.

Grundsätzlich ist das Markieren von Produkten (Branding) ein Versprechen, nämlich das Versprechen, sowohl den Konsumenten als auch den Hersteller zu schützen. Die Ziele, die mit der Markierung von Produkten verfolgt werden, haben sich im Lauf der Zeit eigentlich nicht verändert. So zielt das heutige Bestreben des Markenmanagements darauf ab, dass die Markierung dem Produkt ein einzigartiges, kaufrelevantes Image verleihen soll.

Branding existiert schon seit mehreren Jahrhunderten und findet sich in sämtlichen Hochkulturen. Während die Ägypter Ziegelsteine, die den Weg zu den Pharaonen-Gräbern wiesen, mit Symbolen versahen, um ihre Identität zu kennzeichnen, forderten mittelalterliche Gilden von ihren Mitgliedern die Markierung der Produkte zur Hervorhebung der konsistenten Qualität und zur Abgrenzung von konkurrierenden Herstellern. Branding ist demnach eine typische Erscheinungsform entwickelter Wirtschaftssysteme.

Heutzutage ist das Branding auf allen Handelsstufen und in allen Branchen weit verbreitet. Neben privaten Unternehmen werden aufgrund von Deregulierungen, Privatisierungen und drastischer Reduzierung staatlicher Subventionen im öffentlichen Dienst auch zunehmend öffentliche Einrichtungen wie Schulen, Krankenhäuser oder Universitäten gefordert, sich mittels Branding von ähnlichen Einrichtungen abzuheben. Die steigende Bedeutung von Branding ist vor allem auf die folgenden drei Entwicklungen zurückzuführen:

- Unternehmensfusionen und -aufkäufe,
- die Globalisierung der Märkte und
- die Zunahme neuer Marken

Es wird immer schwieriger, Markenprodukte über Qualität und Produkteigenschaften zu differenzieren. Da Marken in einem regelrechten Kommunikationswettbewerb gegeneinander antreten, erfolgt Markendifferenzierung vermehrt über die Kommunikation. Die emotionale und erlebnisorientierte Differenzierung wird auf gesättigten Märkten mit ihren qualitativ austauschbaren Produkten zum entscheidenden Erfolgsmerkmal.

Der Erfolg einer Marke ist stark von einer kontinuierlichen Markenführung, insbesondere einer kontinuierlichen Kommunikationsstrategie abhängig. Um für den Kunden interessant und begehrenswert zu bleiben und sich dauerhaft auf dem Markt behaupten zu können, bedarf es einer Markenführung, die sich im Lauf der Zeit weiterentwickelt und hinsichtlich technischer und gesellschaftlicher Entwicklungen modernisiert wird. Eine starke Marke muss nicht nur dynamisch geführt werden, sondern muss vielmehr Entwicklungsprozesse voraussehen, um sich frühzeitig durch innovative Lösungen von der Konkurrenz abzusetzen.

Vor dem Hintergrund sich rasch ändernder Marktbedingungen ist eine einfache Fortschreibung traditioneller Markenführungsansätze (…) nicht mehr zeitgemäß. Die Marketingwissenschaft ist seit Beginn des 20. Jahrhunderts von zahlreichen Neuausrichtungen und Paradigmenwechseln der aufgeworfenen Ansätze zur Erfassung der Markenführung geprägt. Die identitätsbasierte Markenführung, deren Konzept-Entwicklung auf einem „kontinuierlichen Wandel des Verständnisses vom Gegenstand der Marke" beruht und die Kaufverhaltensrelevanz von Marken primär auf deren Identität zurückführt, bietet in dieser Situation einen erfolgversprechenden Ansatz zur Neuorientierung der Markenführung.

Die identitätsbasierte Markenführung geht über die „klassische" Outside-in-Perspektive der Marke, d. h. die einseitige Ausrichtung auf die Wahrnehmung der Marke beim Nachfrager (Markenimage), weit hinaus. Es erfolgt eine Ergänzung um eine Inside-out-Perspektive, die das Selbstbild der Marke (Markenidentität) aus Sicht der internen Zielgruppen analysiert. Idealerweise wird die Marke in allen Kommunikationskanälen mit der gleichen Identität wahrgenommen. Ziel der identitätsbasierten Markenführung ist nicht nur eine Steigerung des Markenwertes und der Markenstärke, sondern auch eine langfristige Kundenbindung und Markentreue. Letztlich kann eine konsequente identitätsbasierte Markenführung einen erheblichen Beitrag zum Unternehmenserfolg leisten.

Um eine Marke im Angebotsmeer nicht nur sichtbar, sondern auch u. a. hörbar zu machen, dient die Markenidentität als strategischer Rahmen für die operative Umsetzung in spezifische multisensorische Ausprägungsformen der Marke. Dazu bedarf es einer strukturierten Analyse der Marke, die als Voraussetzung für die Interpretation der Markenidentität durch multisensorische Reize gilt.

Unternehmen stehen vor der Herausforderung, ihre Markenwerte durch möglichst viele Sinne zu vermitteln, um damit die Unternehmens- und Produktmarken von der Konkurrenz explizit abzuheben und Konsumenten langfristig an ihre Marke zu binden. Dabei erscheint es nicht immer ausreichend, den Konsumenten lediglich über optische Reize anzusprechen. Marken werden mit allen Sinnen wahrgenommen.

Die menschlichen Sinne haben jeweils ganz spezifische Eigenschaften. Jedes Sinnesorgan ist auf die Erfassung eines Teilbereichs unserer Umwelt hoch spezialisiert. Die Konzentration auf die visuelle Wahrnehmung kann also immer nur Teilaspekte berücksichtigen während viele andere, mitunter ebenso wichtige Details vernachlässigt werden. Das Auge bleibt immer an der Oberfläche hängen und vermittelt im Wesentlichen die Eigenschaften statischer Objekte. Dynamische Eigenschaften lassen sich daher akustisch wesentlich besser und vor allem glaubhafter kommunizieren. Ähnliches gilt beispielsweise auch für Raum, Emotion und diverse andere Dinge.

Während des Wahrnehmungsprozesses nehmen die Sinnesorgane Informationen über weitgehend unabhängige Sinneskanäle auf, um sie anschließend zu einem ganzheitlichen Bild zusammenzufügen. Beim Kauf eines Apfels, werden bei der Wahrnehmung nicht nur Preis, Farbe, Form und Größe berücksichtigt, sondern auch der Geruch, die Härte und die gefühlte Oberflächenstruktur des Apfels. Da rund 70 bis 80 % aller Entscheidungen aufgrund gespeicherter Reiz-Reaktionsmuster unbewusst ablaufen, ist eine gezielte Nutzung möglichst aller fünf Sinneskanäle erstrebenswert.

Multisensorisches Marketing und die daraus resultierende multisensorische Markenkommunikation ermöglichen – bei richtiger Umsetzung – eine einzigartige Wahrnehmung und dauerhafte Präferenz der Produkte oder Dienstleistungen eines Unternehmens. Multisensorische Markenkommunikation bietet vielversprechende Möglichkeiten, Konsumenten bei höherer Zahlungsbereitschaft und stetiger Nachfrage langfristig und mit allen Sinnen an eine Marke zu binden.

Aufgrund des weiter steigenden Differenzierungsdrucks werden Unternehmen in Zukunft der multisensorischen Markenkommunikation verstärkte Aufmerksamkeit widmen, da Menschen ihre Umgebung mit allen fünf Sinnen wahrnehmen und folglich ihre Entscheidungen auf Basis ihrer multisensorischen Wahrnehmung treffen. Die verschiedenen Sinneseindrücke lösen unterschiedliche Assoziationen aus und sprechen unterschiedliche Werte an, die letztlich zum Kauf führen können.

Um eine multisensorische Markenführung erfolgreich zu implementieren, bedarf es einer entsprechenden Markenpositionierung, der eine eigens für die Marke entwickelte Markenidentität samt Markenkern zugrunde liegt. Multisensorisches Marketing muss authentisch aus dem Markenkern abgeleitet werden.

Im nächsten Schritt gilt es, die Markenpositionierung in ein zentrales Markengefühl zu übersetzen, d. h. welche Emotionen bzw. welche Gefühle sollen mit dieser Positionierung geweckt werden. Die multisensorische Markenführung hat nun die Aufgabe, dieses zentrale Markengefühl auf alle Marken-Kontaktpunkte (Brand Touch Points) multisensorisch zu übersetzen.

Die multisensorische Inszenierung von Marken birgt unentdeckte Potenziale hinsichtlich der Relevanz und Effizienzsteigerung, denn die

Erlebnisqualität der Marke bestimmt nachhaltig die Markenzuwendung, die Bindung des Konsumenten und somit den Markenerfolg. Je stärker der Konsument in die Erlebniswelt eintauchen soll, desto mehr Sinne müssen konsistent angesprochen werden. Ebenso wird es eine schärfere Differenzierung zum Wettbewerb, eine verbesserte Marken-Erinnerung, einen steigenden Abverkauf sowie eine höhere Markenloyalität zur Folge haben.

Lindstrom (2005) konnte in seiner Studie „BRAND sense" nachweisen, dass sich multisensorische Reize direkt auf die Wahrnehmung der Produktqualität auswirken und folglich auf den Markenwert. Die Studie zeigt auch eine Korrelation zwischen der Anzahl an Sinnen, die eine Marke anspricht und dem Preis. Multisensorische Marken können demnach höhere Preise erzielen als vergleichbare Marken mit weniger sensorischen Eigenschaften. Das Erleben einer Marke mit unterschiedlichen Sinnesmodalitäten kann zudem differenzierte Wertschöpfungsbeiträge leisten und einen multiadditiven Effekt für Aufbau und Stärkung von Markenbekanntheit und Image haben.

Nach einer Studie von Mitchell et al. (2005) sind unzufriedene Kunden weniger loyal gegenüber dem Anbieter und weniger bereit, Marken und Unternehmen zu empfehlen. Das Marktforschungsinstitut Millward Brown fand in einer Studie bei 3500 Verbrauchern in 13 Ländern heraus: Wenn sich Konsumenten an mehrere Sinneseindrücke eines Produktes erinnern können, liegt die Markenloyalität bei 60 %. Ist es nur ein Sinneseindruck, liegt die Markentreue unter 30 %. „Multisensorisches Marketing begründet Markenerfolg", lautet das Fazit, das Millward Brown aus der Untersuchung zieht.

Reize, die multisensorisch aufeinander abgestimmt sind, erzeugen Aufmerksamkeit (die vermittelten Informationen werden im Allgemeinen spontan und schneller wahrgenommen, da sie durch den emotionalen Einfluss stärker aktivieren), wirken implizit (die vermittelten Informationen werden im Gehirn weitestgehend automatisch und mit geringerer gedanklicher Kontrolle aufgenommen und verarbeitet) und werden intensiver abgespeichert (die vermittelten Informationen werden ganzheitlich verarbeitet und damit grundsätzlich intensiver gespeichert. Sie haben eine fast unbegrenzte Lebensdauer). Es reicht meistens die Ansprache eines Wahrnehmungskanals aus, das ganze Markenbild entstehen zu lassen, wie beispielsweise beim Hören des Sound Logos der Deutschen Telekom.

Durch den Einsatz von Reizen auf die Sinne sollen beim Konsumenten Emotionen ausgelöst werden, die in weiterer Folge die Reaktionen und Verhaltensweisen gegenüber der Marke beeinflussen. Hierbei ist jedoch zu achten, dass diese Sinnesreize auf die Markenidentität abgestimmt sind. Daher ist es im wahrsten Sinne des Wortes „sinnvoll", die Markenkommunikation auf mehrere Sinnesorgane zu verteilen.

Je mehr Sinne in der Markenkommunikation angesprochen werden, desto höher ist die Bindung zwischen der Marke und dem Konsumenten. Die Studie „5-Sense-Branding" von Pechmann und Brekenfeld (2007) konnte diese Annahme bestätigen. So steigt das Commitment mit jedem zusätzlich angesprochenen Sinn degressiv an. Je mehr Sinne konsistent angesprochen werden, desto stärker taucht der Konsument in die Erlebniswelt der jeweiligen Marke ein. Dabei ist die Qualität und nicht die Menge der möglichen Inszenierungen der entscheidende Wettbewerbsvorteil.

Royet et al. (2000) führten eine Studie zum Vergleich der emotionalen Wirkung optischer, akustischer und olfaktorischer Reize durch. Dabei stellen sie fest, dass alle Modalitäten emotionale Wirkungen entfalten, indem sie ein modalitätsunspezifisches, gemeinsames Netzwerk von Arealen in der linken Hemisphäre aktivieren.

Beim Markenwahrnehmungsprozess kommt es zur Aufnahme, Ordnung, Auswahl und Interpretation von markenbezogenen Informationen. Dabei kann man sich das Wiedererkennen einer Marke als Mustervergleich vorstellen, wobei die jeweilige Marke, insbesondere hervorstechende Merkmale davon, mit den im Gedächtnis der Konsumenten abgelegten Marken verglichen wird.

Die Intensität der multisensorischen Wahrnehmung ist u. a. abhängig vom Geschlecht. So reagieren Frauen beispielsweise beim Schmerzreiz als auch beim Geruchssinn früher und intensiver. Dies lässt sich dadurch erklären, dass Östrogen die Welt sozusagen einblendet, Testosteron hingegen ausblendet. Außerdem differenzieren sich Frauen aufgrund ihrer emotionalen Schwerpunkte (z. B. Fürsorge, Harmonie) von Männern hinsichtlich der Verarbeitung multisensorischer Erlebnisse. Die Intensität der multisensorischen Wahrnehmung ist auch vom Alter abhängig. So nehmen die Qualitäten unserer Sinne mit dem Alter ab, folglich auch die Sensibilität für die Multisensorik. Die Emotionssysteme, wie u. a. Dominanz und Stimulanz, verändern sich ebenfalls mit dem Alter und gehen zurück.

Während ältere Menschen versuchen, neue Reize wegzulassen, da diese für sie störend wirken, brauchen Kinder neue Reize, um ihr Gehirn auszubilden. Kinder sind außerdem in allen Wahrnehmungskanälen sehr sensibel. Beispielsweise haben Kinder Probleme mit scharfem Essen, ältere Menschen hingegen in der Regel nicht.

Der Begriff Multisensorik, teilweise auch Multisensualität bezeichnet, umfasst die Ansprache der relevanten Zielgruppe im Rahmen der Markenkommunikation über mehrere menschliche Sinne. Zu den für das Marketing relevanten Sinnen zählen Gesichts- (Optik), Gehör- (Akustik), Geruchs- (Olfaktorik), Geschmacks- (Gustatorik) und Tastsinn (Haptik). Grundlegend ist dabei die Annahme, dass die Wirkung der kognitiven Verarbeitung eingehender Reize umso höher ist, je mehr Reizmodalitäten gleichzeitig und ganzheitlich eingesetzt werden.

Unter dem Begriff Multisensorisches Marketing versteht man den umfassenden Prozess zur ganzheitlichen Sinnesansprache in der Markenkommunikation. Die multisensorische Markenführung besteht entsprechend des entscheidungsorientierten Führungsverständnisses des Marketings aus einer strategischen Markenführungsphase (Situationsanalyse, Ziel- und Strategiedefinition), einer operativen Markenführungsphase (Umsetzung, zielbezogene Verwendung von mono-, duo- und multisensualen Kombinationen von Kommunikationselementen) sowie einer Markencontrollingphase (Effektivitätskontrolle durch GAP- und Wirkungsanalysen, Übersetzung relevanter Sinneseindrücke in eine ganzheitliche Sinnesansprache zur Vermittlung der Markenidentität an die relevante Zielgruppe).

Diese Arbeit folgt dem allgemeinen Begriffsverständnis von Fösken (2006), wonach die Multisensorik im Rahmen der Markenkommunikation als Ansprache der relevanten internen und externen Zielgruppe über gleichzeitig mehrere bzw. mindestens drei Sinne definiert werden kann.

4.1 Der Einfluss der Optik auf die Markenwahrnehmung

Aus Sicht der Wahrnehmungspsychologie wird allgemein von einer Dominanz der visuellen Modalität ausgegangen („Primat des Sehens"). So ist der Stellenwert, den die Optik in Lehrbüchern der Wahrnehmungspsychologie bzw. die visuelle Konsumentenansprache in den Lehrbüchern des Marketings einnehmen, enorm. Auch die riesige Anzahl an wissenschaftlichen Studien in beiden Wissenschaftsdisziplinen, die sich mit visuellen Reizen befassen, lässt eine Dominanz der Optik vermuten. In der Kommunikation sind Bilder oftmals durch TV-, Printwerbung oder Schaufenster der erste Kontakt zu einer Marke und dienen als Rahmen für die weitere Beurteilung.

Design kann nicht nur helfen, Krisen erfolgreicher zu überstehen, sondern kann, bei genauer Fokussierung auf den Markenkernwert, sogar zu Umsatzsteigerungen führen. Design ist nicht Verpackung. Design ist eine Art zu denken, Design macht sich Gedanken um das ganze Produkt. Es muss auch emotional erfreuen.

Bildinformationen werden im Gegensatz zu Sprachinformationen schneller aufgenommen, verarbeitet und gespeichert. Folglich bevorzugen Konsumenten bildliche Informationen bei der Informationsvermittlung. Treten Interaktionseffekte auf, so geht man in der Regel von einer Dominanz der Optik bei der Informationsverarbeitung aus. Tendenziell neigt der Mensch dazu, im Zweifel seinen Augen zu trauen. Die visuelle Reizüberflutung in der heutigen Zeit ist größer als je zuvor. 83 % unserer Sinneseindrücke werden über den Sehnerv aufgenommen und weitere 11 % über die Ohren. Das Sehen ist für den Menschen der wichtigste Sinn, was man bereits daran sieht, dass etwa ein Drittel unseres Gehirns mit dem Sehen beschäftigt ist. Dabei werden der Seh- als auch der Hörsinn mit Informationen überflutet und sind folglich „überfüllt". Die restlichen sechs Prozent verteilen sich auf die anderen Sinnesorgane. Abb. 4.1 zeigt in Anlehnung an Kilian und Brexendorf (2005) die prozentuale Verteilung der Sinneswahrnehmungen.

Die vermeintliche Dominanz des Sehnervs relativiert sich bei näherer Betrachtung, denn in der BRAND sense Studie (2005) von Millward

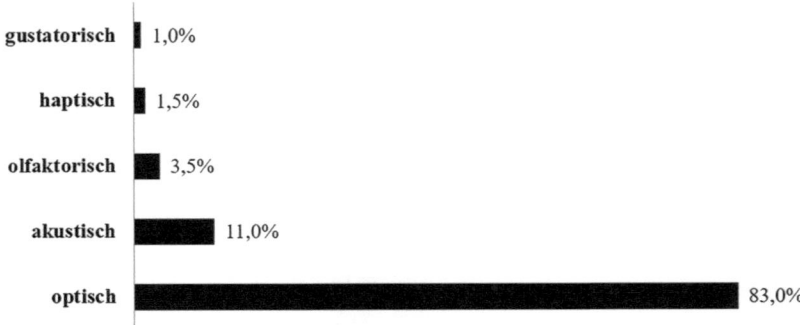

Abb. 4.1 Prozentuale Verteilung der Sinneswahrnehmungen

Brown und Lindstrom wurden Konsumenten nach der Wichtigkeit jedes einzelnen der fünf Sinne für die Bewertung bei Kaufentscheidungen befragt.

Die Ergebnisse in Abb. 4.2 verdeutlichen, dass der Sehsinn (58 %), dicht gefolgt vom Geruchssinn (45 %) und dem Gehörsinn (41 %) die Wichtigkeitsskala bei Kaufentscheidungen anführt. Aber auch der Geschmackssinn (31 %) und der Tastsinn (25 %) sind hinsichtlich der Bewertung von Marken nicht zu vernachlässigen. Marke wird jetzt erlebbar, auch ohne dass man sie sieht. Durch das Erleben nicht-visueller Reize entstehen im Kopf Bilder, was natürlich voraussetzt, zuvor eine Werbung des Unternehmens gesehen zu haben.

Die visuellen Eindrücke sind bedeutend effektiver und bleiben besser im Gedächtnis, wenn sie mit einem anderen Sinneseindruck verbunden sind, beispielsweise mit einem Geräusch oder einem Geruch. Für viele Warengruppen können Töne und Düfte sogar wesentlich wirkungsvoller sein als der optische Eindruck. So reicht beispielsweise eine kurze Melodie (Bsp. Intel Sound Logo) aus, um ein konkretes Markenbild ins Bewusstsein zu rufen.

Musik und Duft werden ab dem Überschreiten der Wahrnehmungsschwellen immer wahrgenommen, da der Mensch Ohren und Nase nicht verschließen kann. Während Elemente der optischen Ladengestaltung

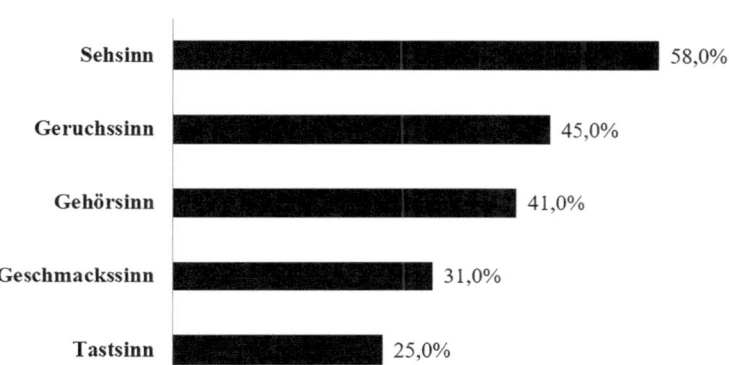

Abb. 4.2 Wichtigkeit der Sinne bei Kaufentscheidungen

nur dann ihre Wirkung entfalten, wenn der Konsument seinen Blick bzw. seine Aufmerksamkeit auch tatsächlich auf die entsprechenden Elemente richtet, können Musik und Duft ihre Wirkungskraft in der gesamten Verkaufsfläche permanent entfalten. Außerdem wirken Musik und Duft unbewusst und können ohne große kognitive Anstrengungen verarbeitet werden. Daher können sie gerade dann Emotionen und Informationen vermitteln, wenn der Konsument über ein niedriges Involvement verfügt.

Diese Ausführungen bedeuten nicht, dass die visuelle Modalität im Rahmen der multisensorischen Markenführung, insbesondere bei der Erlebnisvermittlung, vernachlässigt werden könnte. Sie sollen lediglich die visuelle Dominanz, die allerdings von Kategorie zu Kategorie schwankt, im (Handels)Marketing im Allgemeinen in Frage stellen und die Bedeutung der multisensorischen Erlebnisvermittlung hervorheben, da der Einsatz mehrerer Sinne zu einer multisensorischen Verstärkung führt. Diese Erkenntnis nutzen besonders Automobilhersteller, die einen hohen Anteil der Entwicklungsaufwendungen in das Sound Engineering investieren, um ein stimmiges akustisches Erscheinungsbild des Fahrzeuges, insbesondere einen unverwechselbaren wiedererkennbaren Motorsound, zu kreieren.

Die meisten Marken jedoch sprechen die Verbraucher heute immer noch vorwiegend über das Auge an. Damit vergeben jedoch Unternehmen eine große Chance, die Verbraucher stärker an ihre Marke zu binden. Marken, die in der Werbung vielfach austauschbar sind, können sich differenzieren, indem sie den Menschen multisensorisch ansprechen.

4.2 Der Einfluss der Akustik auf die Markenwahrnehmung

Der konzeptionelle, gestalterische Umgang und Einsatz mit akustischen Reizen ist keine Trenderscheinung, sondern ein Prozess, der sich über die Jahrhunderte entwickelt hat. Bereits um ca. 500 v. Chr. haben sich Philosophen mit der Frage der Wirkung von Musik auf den Menschen beschäftigt. Die naturwissenschaftliche Auseinandersetzung mit akustischen Reizen hat jedoch erst vor rund 100 Jahren begonnen.

Naturwissenschaftler haben sich zuerst der Akustik, die Lehre vom Schall, danach der Psychoakustik, die sich mit der menschlichen Wahrnehmung von Geräuschen beschäftigt, gewidmet. Erst vor einigen Jahrzehnten entwickelten sich parallel dazu die Neurowissenschaften. Aus diesen Anfängen der empirischen Untersuchung von akustischen Reizen resultieren verschiedene Forschungsgebiete und Forschungsergebnisse.

Akustische Reize werden u. a. seit rund 60 Jahren gezielt als Mittel zur Unterstützung von Werbebotschaften eingesetzt. Dies liegt u. a. darin begründet, dass der akustische Wahrnehmungskanal besonders effizient ist, da Menschen von sich aus eine sehr hohe Affinität für emotionales und assoziatives Involvement gegenüber Musiken und Klängen aufweisen (Schramm und Kopiez 2011).

Nach Roth (2005) befindet sich jedoch die Untersuchung von akustischen Reizen zur Kommunikation in der Position „schlecht erforschter Mauerblümchen". Bruner (1990) weist darauf hin, dass sich bis 1990 weniger als 20 empirische Marketing-Studien auf die Verwendung von Musik bezogen. Unter den akustischen Elementen wurde bislang die Musik am ausgiebigsten wissenschaftlich untersucht. Dabei konnte ein umfassender Einfluss der Musik auf unterschiedliche Bereiche nachgewiesen werden.

Analog zur Psychologie ist es primär Aufgabe der Musikpsychologie, universelle Gesetzmäßigkeiten beim Musikhören und Musikmachen zu erforschen. Die Psychophysik und die Psychophysiologie dienen dafür als Grundlage dieser Gesetzmäßigkeiten. Ableitend aus der Allgemeinen Psychologie können schließlich Aussagen über die Prozesse der Wahrnehmung, Repräsentation und Produktion von Musik getroffen werden.

In unserer Musikkultur erfolgt häufig eine Einschränkung des Musikbegriffs auf die tonal gebundene Musik (Dur-Moll-Tonalität). Dabei handelt es sich um eine nicht gerechtfertigte eurozentrische Sicht, denn ein Blick auf inner- wie auch außereuropäische Musikkulturen beweist, dass es auch tonal nicht gebundene Musikformen (atonale Musik) gibt.

Frühe Forschungsarbeiten haben den Einfluss von Musik auf die Stimmung und Emotionen von Menschen untersucht. So zeigen die Ergebnisse der Studie von Rigg (1940), dass schnelle Musik fröhlicher wahrgenommen wird als langsame Musik. Zudem konnte bei einigen Studien nachgewiesen werden, dass Musik in hoher Tonlage mit Freude assoziiert wird, hingegen Musik in tiefer Tonlage mit Traurigkeit.

Kellaris und Kent (1991, 1994) haben die Wirkung unterschiedlicher Tonarten auf Konsumenten-Reaktionen untersucht. Wie die Ergebnisse zeigen, wird allgemein Musik in Dur-Tonart als attraktiver empfunden, als Musik in Moll-Tonart oder atonale Musik. Die Ergebnisse zeigen, dass unterschiedliche Tonalitäten von Musik (Dur-Moll-Tonalität, Atonalität) die subjektive Zeitwahrnehmung der Hörer beeinflussen kann.

Die Verwendung von akustischen Reizen, insbesondere Musik, kann die Erinnerung an die Werbung, an den Werbeslogan oder an das beworbene Produkt bzw. Marke verbessern. Eine sich wiederholende, einfache Melodie eines (Werbe)Songs kann als Erinnerungshilfe für den Text dienen.

Um die Erinnerungsfähigkeit zu fördern, muss die assoziativ-emotionale Komponente von akustischen Reizen beachtet werden. Je nach Art der Musik haben musikalische Hintergrundelemente positive Auswirkungen auf die Verarbeitung von Informationen. So zeigen die Ergebnisse von Allan (2006), dass sich Popmusik mit Gesang positiver auf Aufmerksamkeit und Erinnerung der Werbung auswirkt, als Instrumental-Musik oder keine Musik. Zudem beeinflusst auch die persönliche Bedeutung eines Popsongs in der Werbung Aufmerksamkeit und Erinnerung positiv. Ob die Erinnerung an die Werbung oder die Marke durch den Einsatz von akustischen Stimuli verbessert wird, ist u. a. vom Involvement des Rezipienten abhängig (Alpert und Alpert 1991).

Zahlreiche Forschungsarbeiten belegen, dass im Sinne des Modalitätseffekts eine Kombination von akustischen und visuellen Reizen einen positiven Einfluss auf die Verstehens- und Erinnerungsleistungen hat. Dies resultiert daher, da in unterschiedlichen Modalitäten kodierte Informationen kognitiv besser integriert werden (Moreno und Mayer 1999). Vor allem unerfahrene Nutzer zeigen bei einer Darbietung von visuellen Textinformationen in Kombination mit auditiv-verbalen Elementen eine bessere Informationsverarbeitung.

Sharma und Stafford (2000) konnten feststellen, dass eine Ladenatmosphäre, die durch eine gehobene Ausstattung, gedeckte Farben und mit dazu passender klassischer Hintergrundmusik charakterisiert ist, die subjektiv wahrgenommene Glaubwürdigkeit des Verkaufspersonals erhöht. Die Ergebnisse von Hui et al. (1997) zeigen eine Verbesserung der Beurteilung des Service durch die Verwendung von Musik im Service-Bereich (u. a. Restaurant). Nach Peevers et al. (2009) kann Musik die wahrgenommene Wartezeit in der Telefonwarteschleife signifikant reduzieren.

Die empirischen Studienergebnisse von Roth (2005) zeigen, dass Musik bzw. Geräusche, die besonders auffällig gestaltet sind, die Aufmerksamkeit der Rezipienten gegenüber kommunikativen Maßnahmen beeinflussen können. Es soll eine Sympathie zum Unternehmen bzw. zum Produkt oder zur Marke hergestellt und vor allem eine hohe Wiedererkennung erreicht werden. Dabei spielen Melodik und Harmonik eine bedeutende Rolle. Die Ergebnisse einer Studie von Langeslag et al. (2013) zeigen, dass die Verwendung von Sound Logos in Videogames zwar die Markenerinnerung signifikant unterstützen kann, jedoch keinen Einfluss auf das Markenimage ausübt.

Nach den Ergebnissen von Kellaris und Rice (1993) hat das Geschlecht einen moderierenden Einfluss auf Reaktionen hinsichtlich der Lautstärke von Musik. So reagieren Frauen signifikant positiver auf leise Musik, als auf laute Musik. Nach North und Hargreaves (2008) bevorzugen Frauen laut allgemeinem Muster „softer musical styles" (u. a. Pop-Musik), Männer hingegen „harder, more aggressive styles" (u. a. Hardrock-Musik).

Mehrere Studien kommen zum Ergebnis, dass eine dem Kontext angepasste Musik („musical-fit" bzw. „music-message fit") eine positive Wirkung auf die Einstellung zur Werbung, zur Marke und auf das Kaufverhalten erzielen kann. Die Ergebnisse von Kellaris und Mantel (1996) zeigen einen signifikanten positiven Einfluss von Stimulus-Kongruenz („stimulus congruity"), d. h. die Übereinstimmung der durch Musik hervorgerufenen Bedeutung mit jener der Werbebotschaft, auf die wahrgenommene Dauer von Werbung. Wie Kellaris et al. (1993) herausgefunden haben, beeinflussen Stimulus-Kongruenz und der Wert der Aufmerksamkeitssteigerung („attention-gaining value") in Wechselwirkung die Rezeption der Werbebotschaft. Aufbauend auf dieser Studie empfehlen Shen und Chen (2006) den Einsatz kongruenter Musik in der Werbung.

Areni und Kim (1993) konnten empirisch nachweisen, dass in einem Weingeschäft, in dem klassische Musik (u. a. Mozart) im Hintergrund gespielt wurde, signifikant höhere Umsätze erzielt werden, als mit aktueller Top-Forty Musik. Nach Salzmann (2007) muss die gewählte Musik kongruent zum erlebnisorientierten Ladengestaltungsthema sein (z. B. Reggae-Musik zum karibischen Urlaubserlebnis eines Bademodegeschäftes), um eine positive emotionale Anmutung zu erreichen.

Letztlich beeinflussen auch Faktoren, die vom kommunikativen Absender nicht selbst beeinflusst werden können, die (emotionale) Wirkung von akustischen Reizen, insbesondere Musik. Dazu gehören u. a. Geschlecht, Alter, kultureller Hintergrund des Hörers, Einstellung, momentane Stimmung, aktuelle Situation des Rezipienten, musikalisches Training des Zuhörers, Gefallen, Vertrautheit, als auch bestimmte Erinnerungen, die mit einem Musikstück assoziiert werden.

Wie Studien zeigen, wird die Einstellung zur Marke durch die Einstellung zur Werbung beeinflusst. So kann sich eine positive Einstellung gegenüber der Werbung in einer positiven Einstellung zur Marke niederschlagen.

Weitere Studien haben einen Einfluss der Einstellung zur Werbung auf die Kaufabsicht bestätigt. Zudem konnten Biehal et al. (1992)

feststellen, dass sich die Einstellung zur Werbung auch auf die Markenwahl auswirkt. MacKenzie et al. (1986) konnten zeigen, dass Konsumenten das beworbene Produkt dann besser bewerten, wenn ihnen auch die Werbemaßnahme gefällt.

Die Einstellung zur Werbung ist grundsätzlich von der Einstellung zur Marke, die ebenfalls die Werbewirkung beeinflussen kann, zu unterscheiden. Letztlich ist die Einstellung zur Marke stabiler als die Einstellung zur Werbung, „da sie in der Regel auf vorhandenen, realen Markenerfahrungen beruht" (Föll 2007).

Nach Craton und Lantos (2011) wird die Einstellung zur Werbung durch die Einstellung zur Werbemusik signifikant beeinflusst. Die Einstellung zur Werbemusik umfasst wie die Einstellung zur Werbung sowohl kognitive als auch affektive Dimensionen.

Nach den Ergebnissen der Studie von Alpert und Alpert (1988) kann Musik dazu beitragen, dass Werbung als weniger störend oder irritierend empfunden wird sowie Ablehnung und Missfallen reduziert werden. Der Effekt zeigt sich vor allem bei Musik, die sich an bekannte Melodien anlehnt oder bei Werbung mit Jingles (Aaker und Bruzzone 1985). Galan (2009) konnte die Ergebnisse früherer Studien bestätigen, in denen empirisch nachgewiesen wurde, dass Musik, die als angenehm empfunden wird bzw. die den Musikpräferenzen der Rezipienten entspricht, die Einstellung zur Werbung und zur Marke als auch die Kaufabsicht verbessern kann.

Eine Studie von Park und Young (1986) hat gezeigt, dass bei der Verwendung von Musik in der Kommunikation kognitiv involvierte Testpersonen eine negativere Markeneinstellung und Verhaltensintentionen hatten, als Personen, denen keine Musik dargeboten wurde. Bei geringem Involvement kehrt sich der Effekt um, d. h. die Informationsverarbeitung wird bei Vorhandensein von Musik unterstützt, Markeneinstellung und Verhaltensintentionen werden mit Musik positiver angegeben.

Flath (2012) hat eine experimentelle Untersuchung zum Einfluss von Klangqualitäten auf die Wahrnehmung des Images eines Produktes im Kontext von Fernsehwerbung durchgeführt. Die Ergebnisse dieses Experiments zeigen nicht nur, dass Klangqualitäten unter größtmöglichem Ausschluss von Zeichenhaftigkeit unmittelbar kommunizieren, sondern auch wie feine Unterschiede von Klangqualitäten im Kontext einer spezifisch multimedialen Darbietung im semantischen Raum differenzieren.

Roth (2005) konnte in ihrer Studie ermitteln, dass die Integration von Musik und Akustik in visuelle Szenen die Einstellung zur Marke und das innere Bild zur Marke fördert. Voraussetzung dazu ist jedoch, dass die visuellen und akustischen Reize zueinander passen. Es ist empirisch belegt, dass man beim Hören eines einprägsamen Jingles oder Liedes nochmals die bildlichen Szenen, die damit verknüpft sind, vor sein inneres Auge ruft und dadurch beim Hören bekannter Markenmusik eine Verstärkungswirkung erzielt wird. Dieser Effekt kann beispielsweise im Radio oder in Telefonschleifen verwendet werden.

Die Ergebnisse der Studie von Gorn (1982) zeigen, dass die Assoziation zwischen Produkt (konditionierter Stimulus) und Musik (unkonditionierter Stimulus) die Produktpräferenz beeinflussen kann. Weitere Studien haben herausgefunden, dass Musik am POS die Produktbeurteilung signifikant beeinflusst. Dies lässt sich auch auf die beworbene Marke und damit die Markenwahrnehmung und Markeneinstellung übertragen. Nach Chebat et al. (2001) muss Musik jedoch als passend zum POS wahrgenommen werden, um eine positive Einstellung gegenüber den POS zu besitzen.

Lavack et al. (2008) haben den Einfluss von „musical-fit" auf die Einstellung zur Radiowerbung und zur Marke untersucht. Die Ergebnisse zeigen, dass Markenkongruente Musik sowohl die Einstellung zur Werbung als auch die Einstellung zur Marke positiver beeinflusst als Musik ohne Marken-Fit bzw. keine Musik. So korrelieren beispielsweise akustische Reize, die allein einer atmosphärischen Anreicherung der Werbung dienen, negativ mit einer positiven Einstellungsänderung.

Die Ergebnisse von Zander (2006) zeigen, dass selbst Musik, die zur Marke passt, durch unterschiedliche Variationen (u. a. Musikstil, Tempo, Rhythmus) den Eindruck der beworbenen Marke verändern kann. Moosmayer und Melan (2010) haben empirisch nachgewiesen, dass die positive Beziehung zwischen wahrgenommenen Marken-Fit und Einstellungen der Konsumenten für Sound Logos stärker ist als für Hintergrundmusik. Um eine positive Wirkung von Musik in der Werbung zu erzielen, sollte das Musikstück jedenfalls sorgfältig ausgewählt und getestet werden.

Zahlreiche Studien haben den Einfluss von Hintergrundmusik auf das Konsumentenverhalten am POS, insbesondere auf das Kaufverhalten untersucht. Die Ergebnisse zeigen, dass Musik von den Konsumenten oft nicht bewusst wahrgenommen wird und den Kunden unbewusst in eine angenehme Stimmung versetzen kann. Dabei ist zu berücksichtigen, dass eine bewusst als unangenehm erlebte Musik sich negativer auf die Beurteilung der Einkaufsstätte auswirkt, als keine Musik. Wird Musik von den Konsumenten als unangenehm empfunden, so werten sie diese als einen Beeinflussungsversuch des Handelsunternehmens und reagieren mit typischem psychologischem Reaktanzverhalten (Kroeber-Riel et al. 2009).

Wie die Ergebnisse der Studie von Smith und Curnow (1966) zeigen, reduziert laute Musik im Supermarkt die Verweildauer der Kunden. Nach Milliman (1982) beeinflusst das Tempo der Musik in einem Supermarkt nicht nur die Geschwindigkeit, mit der sich die Kunden bewegen, sondern auch die Höhe des Umsatzes. So hielten sich die Kunden bei langsamer Hintergrundmusik signifikant länger im Supermarkt auf und haben (deshalb) im Durchschnitt signifikant mehr Geld ausgegeben, als jene Kunden, die schnelle Musik hörten.

Die Ergebnisse einer anderen empirischen Studie von Milliman (1986) zeigen, dass das Tempo der Hintergrundmusik in Restaurants einen signifikanten Einfluss auf die Dauer des Einnehmens der Mahlzeit hat. So haben jene Personen, die langsame Musik im Hintergrund hörten, signifikant länger gebraucht, um ihr Essen zu beenden und das Lokal zu verlassen, als Personen, die der schnellen Musik ausgesetzt waren. Caldwell und Hibbert (1999) konnten empirisch nachweisen, dass das Tempo der Hintergrundmusik im Restaurant nicht nur Einfluss auf die tatsächliche und wahrgenommene Verweildauer der Gäste hat, sondern auch auf die Höhe der Ausgaben. Kellaris und Kent (1991) haben einen wechselwirkenden Einfluss von Tempo und Tonalität der Musik auf die Verhaltensabsicht der Rezipienten festgestellt.

Die Ergebnisse der Studie von Wilson (2003) zeigen, dass der Musikstil (Jazz, Pop, Easy Listening, Klassik) nicht nur einen Einfluss auf die wahrgenommene Atmosphäre der Umgebung hat, sondern auch auf die Höhe der Ausgaben der Gäste. So konnten North und Hargreaves (1998) nachweisen, dass Pop- und Klassische Musik einen größeren positiven Einfluss auf die Kaufabsicht haben, als Easy Listening- oder keine Musik. Nach Kellaris und Kent (1994) bereitet schnelleres Tempo bei klassischer Musik signifikant mehr Freude, bei Pop-Musik hingegen mehr Erregung („arousal").

Herrington und Capella (1996) haben einen Einfluss der Präferenz für gespielte Hintergrundmusik während des Einkaufens auf das Kaufverhalten festgestellt. So haben sich bei Probanden, denen die Hintergrundmusik gefiel, sowohl die Dauer des Einkaufens als auch die Ausgaben erhöht.

North und Hargreaves (1996) haben herausgefunden, dass eine positive Korrelation besteht zwischen dem Gefallen der Musik und dem Gefallen der Atmosphäre am POS, als auch der Wiederbesuchsabsicht des POS.

Alpert et al. (2005) haben in ihrer Studie herausgefunden, dass sich die Kaufwahrscheinlichkeit erhöhen lässt, wenn Musik Emotionen hervorruft, die mit dem Symbolgehalt des Produktkaufes übereinstimmen. Wie die Ergebnisse der Studie von North et al. (1999) zeigen, beeinflusst Musik mit starker nationaler Assoziation die Produktwahl. So wurden in einem Supermarkt bei französischer Musik signifikant mehr französische Weine als deutsche Weine und umgekehrt gekauft.

Nach Lantos und Craton (2012) beeinflusst das Zusammenspiel der folgenden vier Variablen das Verhalten der Rezipienten bei akustischen Stimuli in der Kommunikation: „the listening situation", „the musical stimulus", „listener characteristics" und „the listener's advertising processing strategy".

Im Rahmen von Sound Marketing gewinnt das noch junge Forschungsfeld „Sound Symbolism" zunehmend an Bedeutung. Darunter versteht man „the direct linkage between sound and meaning" (Hinton et al. 1994). Mehrere Studien haben empirisch nachgewiesen, dass in bestimmten Sprachen Töne systematisch in einer Art „Sound Symbolism" genutzt werden. So werden hohe Töne in Wörtern überwiegend mit „klein", „nahe" oder „eng" assoziiert, tiefe Töne hingegen werden mit der Vorstellung „groß" in Verbindung gebracht.

Zahlreiche Studien haben die Wirkung des Markennamens auf Konsumenten untersucht. So konnte empirisch nachgewiesen werden, dass die Buchstabenform („letter shape") die Wahrnehmung der Marke beeinflusst (Doyle und Bottomley 2011). Zudem werden Markennamen, die phonetische Klangwiederholungen beinhalten (z. B. Coca-Cola), positiver bewertet (Argo et al. 2010). Die Phoneme eines Markennamens können auch Auswirkungen auf die Produktevaluation haben. So sind Markennamen, die produktbezogene Informationen vermitteln, beliebter und einprägsamer (Klink 2001). Zudem kann die Produkterfahrung verbessert werden, sofern der Klangsymbolismus des Markennamens die produktbezogenen sensorischen Erwartungen (über)trifft (Spence 2012).

4.3 Der Einfluss der Haptik auf die Markenwahrnehmung

Die Haptik wird im Bereich der multisensorischen Markenführung immer wichtiger. [...] Unternehmen entdecken zunehmend den Nutzen der Haptik. Produkte, die sich besser anfühlen als die der Konkurrenz, verkaufen sich auch besser. Früher hat man sich bei der Produktgestaltung bis in die achtziger Jahre des 20. Jahrhunderts fast ausschließlich an visuellen Effekten orientiert.

Den Tastsinn hat man in der Industrie bis vor wenigen Jahren völlig unterschätzt. Autohersteller entdeckten den Tastsinn als neuen Wahrnehmungskanal Anfang der 90er Jahre als einer der Ersten. Das Haptik-Design ist jedoch längst kein Privileg mehr allein der Automobilwirtschaft. In den folgenden Industriebereichen gehört Haptikforschung heute zum Standard der Forschungs- und Entwicklungsabteilungen: Nahrungsmittel-, Papier-, Textil-, Kosmetik-, Kommunikations-, Verpackungs-, Flugzeug-, Automobil- und Militärindustrie.

Die Haptik kann wesentlich zur Differenzierung und Vertiefung von Markeneindrücken beitragen. So nehmen haptische Eindrücke beispielsweise bei Apple-Produkten eine bedeutsame Stellung im Rahmen der Erlebniswirkung ein. Coca-Cola hingegen hat im Verlauf der letzten 20 Jahre mit dem geglätteten Verpackungsdesign und dem Einführen der PET-Flasche und der Einheitsdose an „haptischer Präsenz" und damit deutlich an Differenzierungskraft verloren. Meyer (2001) konnte in experimentellen Studien den Einfluss haptischer Reize auf die emotionale Profilierung von Produkten nachweisen. Dabei bestimmen besonders Textur, Konsistenz, also Rauigkeit und Härte des Materials, sowie die Form die emotionalen Eindrücke zum Produkt.

Für Marken wie Apple, Singapore Airlines, Bang & Olufsen oder Porsche Design sind haptische Eindrücke ein fundamentaler Baustein der Markenprofilierung und Markendifferenzierung. Im Prinzip ist es das Ziel, so genannte haptische Marken zu entwickeln, an die sich der Kunde ebenso erinnert wie an das Logo eines Produktes. […] Um eine wirkungsvolle und starke haptische Marke zu entwickeln muss diese Zielvariable mit denen der anderen Sinne korrespondieren.

Für Grunwald ist die multisensorische Markenführung das Erfolgskonzept in einer überkommunizierten Gesellschaft: In der heutigen Zeit ist es notwendig an den Kunden multisensorisch heranzugehen. Wenn man Marken nicht spürbar werden lässt, dann schwinden die Chancen eine Marke erfolgreich zu etablieren. Wenn man Produkte hat, die potenziell mit dem Körper der Kunden in Interaktion treten, dann kann man eine multisensorische Ansprache nicht mehr vernachlässigen. Die Ansätze der Marken werden stets komplexer, einfach gestrickte Muster haben ausgedient.

Wie eine Studie von Kiefer (2009) zum haptischen Sinn gezeigt hat, ist bei haptisch Lernenden der vordere Gehirnbereich, der für Bewegungsverarbeitung und Planung zuständig ist, stärker als bei anderen Lernenden aktiviert. Die Aufgabe der Testteilnehmer bestand darin, 64 unbekannte Objekte mit Namen wie „nolo" und „ured" auswendig zu lernen. Dies wurde auf zwei verschiedene Arten untersucht. Während die eine Gruppe Anschauungsmaterial und den Rat bekam, auf spezielle Eigenheiten der fremden Dinge mit der Hand zu zeigen, z. B. auf Henkel, Spitzen oder Ausbuchtungen, lernte die andere Gruppe zu jedem Objekt eine spezifische, passende Handbewegung. Die Probanden, die mit Bewegung gelernt hatten, waren beim Nachdenken signifikant schneller. Der Effekt betrug bis zu „einer guten Sekunde". Für Psychologen – laut Spitzer – „eine Ewigkeit". Wer sich die Welt auch mit der Hand aneignet, denkt hinterher tiefer, schneller, besser.

Grunwald hat im Verlauf seiner Untersuchungen zudem festgestellt, dass der Tastsinn nicht kontinuierlich arbeitet, sondern Pausen im Millisekundenbereich einlegt, als müsste das Gehirn Informationen gelegentlich zwischenspeichern. Es setzt sich immer mehr der Gedanke von haptischen Marken durch. Es ist bewiesen, dass Dinge besser erinnert werden, wenn sie eine markante Haptik aufweisen. Ein Beispiel für gelungene Haptik im Verpackungsbereich ist die kleine Underberg-Flasche. Die Verpackung ist wirklich hervorragend konzipiert und die Marke ist multisensorisch kohärent.

4.4 Der Einfluss der Olfaktorik auf die Markenwahrnehmung

Obwohl unser Geruchssinn nur rund 3,5 % unserer Sinneseindrücke beisteuert, haben Millward Brown und Lindstrom (2005) in ihrer BRAND sense Studie herausgefunden, dass der Geruchssinn für Konsumenten bei Kaufentscheidungen nach dem Sehsinn die zweithöchste Priorität genießt. Bisher haben sich weniger als drei Prozent der Fortune 1000 Unternehmen mit Duft als Markenbestandteil beschäftigt. In Anbetracht der Tatsache, dass der durchschnittliche Mensch täglich rund 20.000 Mal atmet und dabei jedes Mal Gerüche mit aufnimmt, so wird deutlich, welches Potenzial gezieltes Duftbranding bietet.

Aus diversen Untersuchungen wissen wir, dass richtig ausgewählte Düfte Informationen über Produkte, Dienstleistungen und Personal liefern, die Aufmerksamkeit der Kunden am Point of Sale lenken, die Verweildauer im Geschäft verlängern, die Sortiments- und Geschäftswahrnehmung positiv beeinflussen, Spontankaufraten erhöhen, das Wohlbefinden der Kunden steigern und natürlich auch unangenehme Gerüche überdecken können. Ein Duft erhöht die Wiedererkennbarkeit einer Marke und sollte zur Corporate Identity (CI) gehören genauso wie ein Jingle, ein Logo, eine Farbe.

Rempel (2006) konnte in seinen Studien belegen, dass ein zu einer Marke passender Duft, sowie ein Duft, der sowohl zur Marke als auch zur bildhaften Werbung der Marke passt, die Einstellung zur Marke und das innere Bild positiv beeinflussen. Ein unpassender Duft erzielt hingegen negative Wirkungen. Anders als bei anderen Reizen gibt es für Düfte bislang noch keine allgemeingültige Geruchsklassifikation, was den Einsatz von Düften und die Gestaltung passender Markendüfte erschwert. Da Düfte die emotionale Attraktivität von Produkten steigern können, kann der Geruchssinn einen wesentlichen Beitrag zur Präferenzbildung von Marken leisten. So lassen sich 24 bis 38,5 % der Präferenzbildung bei Shampoos durch Dufteinfluss erklären.

Insbesondere zur Kommunikation nicht wahrnehmbarer Produkteigenschaften sind Düfte bestens geeignet. Daher kommen Shampoos, Duschgels, Wasch- und Geschirrmittel sowie Haushaltsreiniger heute kaum noch ohne Parfumzusatz aus. Der Duft gilt somit als „unsichtbare Markenpersönlichkeit", mit der (nicht wahrnehmbare) Markeneigenschaften kommuniziert und eine emotionale Bindung zur Marke geschaffen werden können.

Bei Kongruenz von einem angenehmen Duft mit einem ebenso ansprechenden visuellen Eindruck, verstärkt sich nicht nur der angenehme Eindruck, sondern bleibt auch mit höherer Wahrscheinlichkeit besser in Erinnerung. Außerdem haben Forscher festgestellt, dass der Geruch vielfach die gleichen Gehirnregionen aktiviert wie der Anblick eines Produktes bzw. eines Produktlogos. Riecht der Konsument eine Pizza, dann entsteht in seinem Kopf auch das Bild einer Pizza – zusammen mit dem Pizza Hut-Logo oder dem Logo des Liebling-Italieners. Passen jedoch Duft und Bild nicht zusammen, werden sie vergessen.

Düfte nehmen auch Einfluss auf Leistung, Angst, Stress und Erregung genauso wie auf Aufmerksamkeit, Wahrnehmung und Gemütsverfassung. Die meisten Menschen verfügen nur über eine sehr begrenzte Sprache zur Beschreibung von Gerüchen. Diese werden daher häufig nicht durch einzelne Attribute beschrieben, so wie sich beispielsweise ein Bild oder eine Tonfolge beschreiben ließen, sondern mit den Worten „das riecht wie …". Somit wird Duft als ein Attribut von etwas anderem beschrieben und dessen Wahrnehmung geht daher nahezu immer einher mit der Bildung von Assoziationen. Innere Bilder werden im Wesentlichen durch visuelle Reize erzeugt und können durch olfaktorische (oder akustische) Reize aktiviert werden. Die Wahrnehmung von Düften hängt beim Empfänger nicht nur von seinem Alter ab, sondern auch von seinem Geschlecht und seinen persönlichen Erfahrungen. Folglich ist das Finden eines Duftes für eine größere Zielgruppe keine leichte Aufgabe. So riechen Frauen beispielsweise empfindlicher als Männer. Die Gründe dafür sind noch nicht erforscht. Henseler (2005) konnte in seiner Studie nachweisen, dass Gerüche je nach Lebensstil unterschiedlich wahrgenommen werden. Kombiniert man Lebensstile und Duftnoten entsteht eine Komplexität an Wirkungen, die kaum zu kontrollieren ist. Daher sollten künstliche Düfte nur sehr vorsichtig eingesetzt werden. Bei natürlichen Düften müssen Ware und Geruch übereinstimmen.

In der Duftwahrnehmung sind auch Unterschiede zwischen verschiedenen Ländern und Kulturen zu berücksichtigen. Amerikaner haben eine spielerische, neugierigere Einstellung zu ungewöhnlicher Kommunikation. Südamerikaner haben eine positive Einstellung zu Düften, Kanadier eher negativ. Europäer sind grundsätzliche skeptisch bis kritisch. Demnach gilt es einen individuellen Ansatz zu entwickeln, der sich jedoch für globale Marken als äußerst schwierig gestalten kann.

Einer der beliebtesten und am leichtesten zu erkennenden Düfte ist das Baby-Puder der Marke Penaten. Der Grund dafür liegt darin, da der Duft dieses Baby-Puders bei den meisten Konsumenten frühkindliche Assoziationen in Erinnerung ruft. Zahlreiche Unternehmen verwenden u. a. den Vanilleduft – der sich auch in Muttermilch und Babynahrung findet – für ihre Produkte. Beispielsweise hat Coca-Cola die Geschmacksrichtungen „Coca-Cola Vanilla" und „Black Cherry Vanilla Coke" auf den Markt gebracht. Ein Experiment in einem amerikanischen Bekleidungsgeschäft hat gezeigt, dass sich der Verkauf von Damenbekleidung verdoppelte, wenn „weibliche Düfte" wie Vanille in der Damenabteilung versprüht wurden.

Das Aktivierungspotenzial von Düften und seine Nutzung als Qualitätsindikator werden häufig verkaufsfördernd genutzt, wie die folgenden Beispiele deutlich machen. In alten Wiener Kaffeehäusern werden die Dielenböden morgens vor Geschäftseröffnung mit frisch gemahlenem Kaffee bestreut, um die Gäste bereits am Morgen mit dem wohligen Aroma frischen Kaffees zu empfangen. Einige Unternehmen setzen auch so genannte Duftterminals ein, mit denen im Rahmen von Einführungsaktionen Werbespots für neue Produkte szenengenau beduftet werden können. Auch duftende Werbeartikel (Give Aways) werden im Zuge von Verkaufsförderungsaktionen verschenkt. So verteilte u. a. in Frankreich das Unternehmen Suchard Schlüsselanhänger in Form einer

Tafel Schokolade mit einem Schokoladenduft. Mit Duft ermöglichen wir dem Kunden eine Vorabwahrnehmung der Produkteigenschaften. Am Point of Sale kann das der Duft eines aus Hygienegründen hermetisch versiegelten Produkts sein (ein Shampoo, eine Körperlotion), der in die Außenverpackung oder in ein beduftetes Display integriert werden kann.

Zahlreiche Unternehmen versuchen, ihre Unternehmensidentität über CI-gerechte Duftbotschaften (Corporate Smell) zu kommunizieren. Der Corporate Smell soll beispielsweise Verkaufsräume, Eingangshallen, Büroräume und u. U. auch die Unternehmensprodukte mit einem typischen Unternehmensduft in Szene setzen. So setzt beispielsweise das Unternehmen Samsung in seinem Flagshipstore in New York auf den Duft von Honigmelonen, der bei Verbrauchern ein Südsee-Gefühl wecken und für Entspannung sorgen soll. Die britische Bekleidungskette Thomas Pink war lange Zeit dafür bekannt, dass durch die Läden der Geruch von frisch gewaschener Baumwolle zog. British Airways setzt in seinen Warteräumen auf den Duft von Meadow Grass, um so das Gefühl zu erzeugen, man halte sich im Freien auf. Auch andere Vertreter der Luftfahrt, wie z. B. Singapore Airlines oder Air France setzen auf Corporate Smell. So tragen bei der französischen Fluggesellschaft nicht nur das Parfum der Stewardessen maßgeblich zum Gesamtbild der Marke bei, sondern auch die Flugzeugsitze, die nach Chanel Nr. 5 duften.

An dieser Stelle sei auch darauf hingewiesen, dass branchenspezifische Gerüche wie Croissantgeruch für Bäckereien und Kokosnussduft für Reiseagenturen den direkten Markenaufbau meist nicht oder nur unwesentlich unterstützen können. Der Grund liegt darin, da sie unspezifisch mit einer Branche und nicht mit einer Marke assoziiert werden. Ihre sofortige Aktivierungswirkung bleibt jedoch erhalten.

Die Olfaktorik ist in der multisensorischen Markenkommunikation unterrepräsentiert, weil es zu wenige Informationen und zu viele Berührungsängste gibt. Die Implementierung scheitert oft an der mangelnden Risikobereitschaft von Unternehmen und an der Ignoranz der Agenturen. Besonders in Zeiten reduzierter Budgets will man lieber auf Nummer Sicher gehen als eine Strategie vorschlagen, deren Wirksamkeit sich nicht umgehend, z. B. mit Erfolgszahlen von Mitbewerbern, belegen lässt.

Im Gegensatz zum Sehen und Hören, die als verlässlich angesehen werden, weil sie am besten erforscht sind und Zahlen zum „Return on Investment" (ROI) liefern, existieren für den Geruchssinn keine harten ROI-Zahlen. Duft alleine kann keine Marke positionieren oder ein Produkt verkaufen aber eine wachsende Zahl an Marketingexperten versteht den Wert im Zusammenspiel der Sinnesstimulationen.

Im Duftmarketing liegt eine der größten Herausforderungen in der Duftauswahl. Duft-Präferenzen sind extrem subjektiv und die Zahl verfügbarer Düfte ist astronomisch groß. Im Zuge einer Untersuchung hat man herausgefunden, dass sich ein emotionales Erlebnis nur bei jenen Düften einstellt, die bekannt sind, d. h. bei Düften, die bereits im Gehirn gespeichert sind. Für den Handel bedeutet dies, dass zu Gunsten von allgemein bekannten Düften auf den Einsatz von künstlichen, neuen Düften verzichtet werden sollte. Während Menschen in der Lage sind, Alltagsgegenstände mit verbundenen Augen innerhalb von zwei Sekunden mit nahezu hundertprozentiger Sicherheit tastend wieder zu erkennen, gelingt diese hohe Trefferquote beim Wiedererkennen von Düften nicht. Hier liegt die Wiedererkennungsleistung bekannter Düfte bei lediglich 40 bis 50 %.

Außerdem gilt es, wie mit anderen Maßnahmen (visuelle Stimulation, Beschallung) auch mit Duft vorsichtig und maßvoll umzugehen, denn eine „Überbeduftung" hat negative Konsequenzen. Duftmarketing ist ein gefährliches Feld. Man muss aufpassen, dass man den Geruch nicht überdosiert, sodass er penetrant wirkt. Auch auf irritierende Bildsprache und unangemessene laute Musik muss geachtet werden.

Schließlich sollte der Duft kongruent sein: Kokosnussduft im Winter verkauft keine Weihnachtsgeschenke im Einzelhandel, aber er verkauft den Sommerurlaub im Reisebüro. Letztlich gilt es die Verwendung von Duft z. B. am Point of Sale konsequent durchzusetzen. Der Mangel an Erfolgskontrolle durch Vorher-Während-Nachher Untersuchungen und die Bereitschaft Duft-Marketing vorschnell als nicht effektiv zu definieren sind ebenfalls Fehler, die von vielen Unternehmen begangen werden.

Wird Duftmarketing angewendet, so darf auf eine Kontrolle der Duftströme nicht verzichtet werden. Wenn Markenhersteller im Einzelhandel beispielsweise einen Duft in den Raum abgeben, können davon auch Wettbewerber profitieren. Angenommen, Marke A setzt einen

Duft im Regal frei. Dann kann es wegen der Flüchtigkeit der Düfte passieren, dass der Absatz der Marke B steigt.

Kontrovers diskutiert wird die Frage der (ethischen) Zulässigkeit der unterschwelligen Beeinflussung durch Duftstoffe (z. B. in der Raumluft). So weiß man u. a., dass unterbewusst wahrgenommene Sexualreizstoffe (Pheromone) auch beim Menschen eine starke Aktivierung herbeiführen können. Auch Moschus- und Vanilliduft sind hochaktivierend.

Da die Entwicklung von Duftkompositionen und Riechstoffen zeitlich und finanziell häufig sehr aufwendig ist, haben Unternehmen ein großes Interesse, ihre Düfte vor Nachahmungen bestmöglich – und folglich auch rechtlich – zu schützen. Dabei besteht die Möglichkeit, sich die streng geheim gehaltene Rezeptur des jeweiligen Duftes als „Sonstige Marke" markenrechtlich schützen zu lassen.

Gerüche sind eng mit unserem Erlebnis einer Marke oder eines Produktes verbunden und werden wohl in Zukunft im Zuge der multisensorischen Markenführung eine wichtigere Rolle spielen. Die meisten Marketingmaßnahmen sind bereits ausgereizt, sodass das Interesse an innovativen Maßnahmen groß ist.

4.5 Der Einfluss der Gustatorik auf die Markenwahrnehmung

Geschmackliche Reize beschränken sich meist auf Speisen und Getränke und unterstützen die klare Identifikation einer Marke sowie das Herausstellen besonderer Eigenschaften des Angebotes (z. B. Schärfe von Tabasco). Aber auch ein im Verkaufsraum angebotener Kaffee prägt den Eindruck und das Markenerlebnis. Geschmackswirkungen sind allerdings nicht leicht zu operationalisieren, denn Kunden sind oft nicht in der Lage, ihre Vorlieben hinreichend genau zu beschreiben. Daher bedient man sich häufig eines Sensorik-Panels, um die geschmacklichen Eindrücke von Lebensmitteln und Getränken zu erfassen.

Der gustatorische Reiz wirkt oft im Zusammenspiel mit anderen Reizen, beispielsweise der Farbwahrnehmung, der Akustik und vor allem dem olfaktorischen Sinn. Grundsätzlich gilt, dass Konsumenten einen bestimmten Geschmack (und Geruch) mit einer spezifischen Farbe verbinden. Wie zahlreiche Studien gezeigt haben, steigt die Intensität des Geschmacks (bzw. Geruchs) mit der Farbintensität. Aber auch die Textur, Temperatur und Klang nehmen Einfluss auf unsere Wahrnehmung.

Langnese hat 2005 in limitierter Auflage eine eigene Eisserie „Magnum 5 Sinne" vermarktet. Während beispielsweise Magnum 5 Sinne Vision das Auge durch den Kontrast von Erdbeereis und weißer Schokolade reizen sollte, stand bei der Variante Sound das Knack-Geräusch im Mittelpunkt, das sich durch den Biss in eine Hülle aus karamellisierten Zuckerstückchen ergab.

4.6 Multisensorisches Markendesign

Die multisensorische Markengestaltung umfasst die integrierte Vermittlung von Markenerlebnissen und -bildern durch alle Kommunikationsinstrumente. Im Zuge dieser multisensorischen Ansprache des Konsumenten ergänzen sich die Sinnesorgane zu einem ganzheitlichen Erlebnis. Multisensorisches Markendesign zeichnet sich dadurch aus, dass neue Produkte, Verpackungen bzw. Markenbilder wegen ihrer einzigartigen, innovativen Konzeption und ihrer multisensorischen Gestaltung besser wahrgenommen werden. So wäre denkbar, dass beispielsweise ein Duschgel mit Orangenduft die Verpackungstextur einer Orangenschale hat.

Das multisensorische Design erhält seinen Sinn durch die simultane Übermittlung von Informationen bzw. die Mehrfachkodierung einer Information. Hierbei besitzen der Informations- und Kommunikationsprozess aus Wahrnehmung, Erkennung und Handlung, die auch für das visuelle Design zugrunde liegen, Geltung. Seit es den Handel gibt, werden Sinnesreize im Einzelhandel eingesetzt. Nicht nur durch die unterschiedlichen Waren, sondern auch von einer Vielzahl von Instrumenten werden unsere Sinne angesprochen, z. B. von der Ladengestaltung, vom Personal oder von der Verpackung der Produkte.

Die multisensorische Gestaltung von Produkten und Verpackungen gewinnt zunehmend an Bedeutung. Sie wirkt sich nicht nur auf das Gefallen der Marke und deren Beurteilung aus, sondern beeinflusst auch den Aufbau eines klaren Markenimages, wobei hier idealerweise alle Eindrücke auf die Markenpositionierung abzustimmen sind. Gerade die Bedeutung multisensorischer Eindrücke für die Produktbeurteilung darf nicht unterschätzt werden. So beeinflussen die Verpackung und das Produktdesign die Wahrnehmung zunächst stärker als der Markenname und das Markenlogo. Obwohl der dominante Eindruck immer der erste visuelle Eindruck von einem Produkt bzw. einer Verpackung ist, wird dieser Eindruck durch andere modalitätsspezifische Eindrücke ergänzt. So können Eindrücke, die durch Fühlen, Hören, Riechen und Schmecken gewonnen werden, den ersten visuellen Eindruck verstärken, schwächen oder in Widerspruch zu diesem stehen.

Bei der Produkt- und Verpackungsgestaltung geht es primär darum, praktische (Funktion/Nutzen), ästhetische (Gefallen) und symbolische (Image/Positionierung) Ansprüche zu erfüllen. Besondere Bedeutung für die Gestaltung der Verpackung bzw. des Produktdesigns kommt jenen Eindrücken zu, die wiederum andere Eindrücke beeinflussen. Solche Eindrucksverknüpfungen (Irradiationen) sollten möglichst im Sinne der Markenpositionierung stattfinden.

Prägnanz und Diskriminationsfähigkeit von Verpackungen und Produktdesign spielen ebenfalls eine wichtige Rolle, da sie für das Wiedererkennen einer Marke entscheidend sind. Marken mit hoher Prägnanz sind beispielsweise Toblerone und Coca-Cola. Bei Verpackungen sind u. a. die Odol-Flasche und die Underberg-Flasche gute Beispiele für Diskriminationsfähigkeit durch Formen.

Es wird vermutet, dass bei Verteilung der Informationsmenge auf mehrere Sinnesorgane insgesamt mehr Informationen verarbeitet werden können. Gleichzeitig erhöht sich auch ihre Erinner- und Abrufbarkeit. Folglich ist die bewusst gewählte gleichzeitige Ansprache mehrerer Sinnesorgane für den Markenerfolg von besonderer Bedeutung.

Die klassischen Wege der Werbung sind längst keine Garantie mehr dafür, Verbrauchern den Mehrwert von Marken nahe zu bringen. Verschafft man jedoch dem Konsumenten durch eine besondere Form der Inszenierung ein nachhaltiges und emotionales Markenerlebnis über das Produkt, das Design und konventionelle Werbung hinaus, so ist er bereit, für diesen real erlebten Mehrwert auch entsprechend zu zahlen.

In den letzten Jahren ist ein relativer Rückgang der Above-the-Line-Medien gegenüber den Below-the-Line-Kommunikationsformen festzustellen gewesen. Letztere haben den Vorteil, dass sie die Werte über mehr als zwei Sinne kommunizieren können und folglich sowohl eine psychische als auch physische Annäherung zwischen Konsument und Marke erreichen. Below-the-Line-Maßnahmen sind im Unterschied zu der Above-the-Line-Kommunikation eher unkonventionell und meist persönlich, zumindest aber direkt. So eignen sich besonders u. a. Flagship-Stores, Messen, Events oder Aktionen am Point of Sale, um dem Konsumenten das Markenerlebnis multisensorisch zu vermitteln.

Marken können verbal oder nonverbal in der Werbung präsentiert werden. So wird für einen Werbespot in Abhängigkeit vom Produkt, der Werbestrategie und der Zielgruppe beispielsweise eine vertrauenswürdige, jung oder dynamisch klingende Stimme ausgewählt. Eine unpassende oder unangenehme Stimme kann dazu führen, dass sich der Adressat irritiert fühlt und negative Gefühle auf die Marke überträgt.

Obwohl der Konsument individuelle Erlebniswerte sucht und präferiert, erleben sehr viele Konsumenten Marken und Dienstleistungen als austauschbar. Das Erlebnismarketing, das auf die Gefühle der Konsumenten zielt, wird daher in Zukunft an Stellenwert gewinnen. Um die Erlebnisstrategien im Marketing erfolgreich umzusetzen, muss es gelingen, dem Konsumenten die Erlebniswerte durch den integrierten Einsatz aller Marketinginstrumente – d. h. nicht nur durch die visuell geprägte Werbung – zu vermitteln. Durch die Schaffung multisensorischer Konsumerlebnisse, die als einer der größten Herausforderungen des Erlebnismarketings gilt, können die Konsumenten besonders wirksam (mit allen Sinnen) angesprochen werden. Um eine hohe Erlebnisqualität bei der Markenkommunikation zu gewährleisten, müssen die multisensorischen Berührungspunkte der Marke (z. B. am Point of Sale oder mittels Direct Mailing), die so genannten Brand Touch Points, genau identifiziert werden.

4.7 Erfolgsfaktoren für multisensorische Markenführung

Um eine multisensorische Markenführung erfolgreich zu implementieren, bedarf es einer entsprechenden Markenpositionierung, der eine eigens für die Marke entwickelte Markenidentität samt Markenkern zu

Grund liegt. In weiterer Folge gilt es, die Markenpositionierung in ein zentrales Markengefühl zu übersetzen. Dabei stellt man sich die zentrale Frage: Welche Emotionen bzw. welche Gefühle sollen mit dieser Positionierung geweckt werden? Die multisensorische Markenführung hat nun die Aufgabe, dieses zentrale Markengefühl auf alle Brand Touch Points multisensorisch zu übersetzen.

Echtes multisensorisches Branding führt zu den nachhaltigsten Erlebnissen und zu langanhaltenden, positiven Markenerinnerungen. Dafür muss die Marke möglichst über alle Sinne erlebbar gemacht werden. Dabei ist darauf zu achten, dass alle Sinneseindrücke dasselbe Erlebnis vermitteln. Grundsätzlich gilt: Je mehr sensorische Berührungspunkte es zur Zielgruppe gibt, desto effektiver kann eine multisensorische Markenkommunikation implementiert werden. Zur Erleichterung der Verarbeitung von multisensorischen Reizen sollten diese aufeinander abgestimmt sein. Dies beinhaltet die inhaltliche und formale Abstimmung aller Kommunikationsmaßnahmen, um die erzeugten Kommunikationseindrücke zu vereinheitlichen und zu verstärken.

Erfolgsfaktoren für die multisensorische Markenführung kann man nicht pauschalisieren. Die multisensorische Markenführung gibt es per se nicht. Da Erfolgsfaktoren in der multisensorischen Markenführung stets vom Produkt, der Branche und dem Kontext abhängig sind, können keine generellen Erfolgsindikatoren ausgemacht werden.

Um Produkte oder Marken multisensorisch zu gestalten, bedarf es einer ganzheitlichen Gestaltung, die nur von der Marke als Ganzes ausgehen kann. Eine isolierte gestalterische Betrachtung einzelner Elemente darf nicht verfolgt werden. Ein wichtiger Erfolgsfaktor ist dabei die Analyse der Wirkung des Einflusses von Einzelelementen (Farben, Formen, Materialien usw.) beim Konsumenten, soweit sie getrennt voneinander wahrgenommen und beurteilt werden.

Multisensorisches Marketing ist das stärkste Konzept zur Differenzierung der eigenen Marke und zugleich effektivste Variante, um eine ganzheitliche, intensive und einzigartige Markenerinnerung zu erreichen. Denn auch hier wirkt der Marken-Dreiklang: Bekanntheit-Sympathie-Kauf. Je intensiver und nachhaltiger die Markenwahrnehmung, desto höher die Markenerinnerung und damit letztlich der Kauf. Das Geheimnis der multisensorischen Markenführung liegt darin, wenig, jedoch exakt das Richtige zu bieten. Verschiedene Sinne sollten einbezogen werden, um relevante Informationen zu bieten – bei gleichzeitiger Minimierung der Reizüberflutung. Zentraler Erfolgsfaktor ist, dass alle Sinne bewusst – aus dem Selbstverständnis der Marke heraus – eingesetzt werden.

Man muss prüfen, welche Möglichkeiten sich einem bieten, neben dem visuellen und auditiven Sinn auch andere Sinnesorgane im Rahmen des multisensorischen Marketings anzusprechen. Hier gilt es sowohl den Anlass, die Form als auch den Kontext zu berücksichtigen. In ausgewählten Bereichen kann es sicherlich ergänzende und unterstützende komplementäre Wirkungen geben. Im Einzelfall kann multisensorisches Marketing einen wichtigen Beitrag zur Emotionalität der Marke leisten.

4.8 Risiken der multisensorischen Markenführung

Da durch die Marketingaktivitäten im Allgemeinen mehrere Sinne gleichzeitig angesprochen werden, ist es wichtig, das Zusammenwirken von mehreren Reizmodalitäten zu beachten. Durch unzureichende Abstimmung der zur Beeinflussung eingesetzten Reize, vor allem aber durch die Vernachlässigung vieler Reizmodalitäten im Marketing (zum Beispiel von Musik) kommen erhebliche Wirkungsverluste zustande.

Bislang scheitert die einheitliche und auf der Markenstrategie basierende Umsetzung der Marke in alle Sinneskanäle häufig an fehlenden bzw. mangelhaften Briefing-Tools und unsystematischen Prozessen. Die Marken-Manager der Unternehmen managen oft die Sinne einzeln: es gibt eine Abteilung für Sound, eine für Duft und einen verantwortlichen Bereich für die visuelle Kommunikation. Zu oft weiß aber einer nichts vom anderen.

Die ersten Ursachen liegen bereits im Fehlen von relevanten und differenzierenden Markenwerten. Dann folgen die Fehler in der inkongruenten Entwicklung einer Marke. Hinzu kommen dann teilweise Entscheidungen auf Basis des persönlichen Geschmacks. Ohne eine konkrete, ursächliche, relevante und spezifische Markenidentität, die aus einem Markenkern und mehreren Markenwerten besteht, ist multisensorische Markenkommunikation von vorne herein zum Scheitern verurteilt.

Zur Erleichterung der Verarbeitung von multisensorischen Reizen sollten diese aufeinander abgestimmt sein. Um die erzeugten Kommunikationseindrücke zu vereinheitlichen und zu verstärken, gilt es sowohl eine inhaltliche als auch eine formale Abstimmung aller Kommunikationsmaßnahmen zu verfolgen. Ziel ist es, dass die Konsumenten die durch die Kommunikation vermittelten unterschiedlichen Sinneseindrücke als einheitliches Bild wahrnehmen.

Sind die Reize nicht abgestimmt (inkongruent), kann es einerseits zu einer Verarbeitungskonkurrenz zwischen den verschiedenen Sinneskanälen kommen oder eine negative Wahrnehmung von Markenerlebnissen ist die Folge. Inkonsistente Sinneseindrücke verursachen diffuse und zersplitterte Eindrücke beim Konsumenten und hinterlassen ein unklares Markenbild. In einem solchen Fall ringen mehrere unterschiedliche Reize um die Aufmerksamkeitsgunst bei der Verarbeitung und es folgt eine gegenseitige Schwächung, während bei aufeinander abgestimmten Reizen mit einer Verstärkung zu rechnen ist. Wirken die sensorischen Signale durch ihre Intensität zu aufdringlich, so können sie den Konsumenten abschrecken und folglich vom Kauf abhalten. Im Handel führt die multisensorische Ansprache lediglich zur Emotionssteigerung. Es soll damit gute Stimmung beim Kunden erzeugt werden, sodass sich auch dessen Kauflaune steigert. Die multisensorischen Botschaften dürfen jedoch nicht das Warenangebot überstrahlen. Grundsätzlich gilt: Je konformer die Reize gestaltet sind, umso stärker ist die Wirkung.

Generell liegt das Risiko in der Reizstärke bzw. im Umfang der Dosierung einzelner Instrumente wie Düfte, Farben oder Musik. In hektischen Zeiten können angenehme Düfte, die passende Musik und eine entspannende Farbgestaltung beruhigende Wirkung auf die Konsumenten haben. Bei allen Vorteilen von Emotionen und Erlebnissen ist eine „Emotionalisierung um jeden Preis" zu vermeiden, sondern auf einen optimalen Mix aus emotionalen und informativen Argumenten zu achten. Wichtig ist auch, dass Sinnesreize und Unternehmenskonzept zusammenpassen.

Zur systematischen Gestaltung multisensorischer Erlebnisse sind folgende Kriterien von Bedeutung:

Da multisensorische Reize vielfältig zum Einsatz kommen können, sind markenbezogene Touch Points im gesamten Kaufzyklus zu analysieren. Bestimmte multisensorische Reize sind je nach Kundenkontaktpunkt unterschiedlich bedeutsam.

Aufbauend auf der Markenidentität und Markenpositionierung sind relevante Erlebnistreiber für die Entwicklung multisensorischer Reize abzuleiten und zu bestimmen. Diese sind mit Markenzeichen zu verknüpfen.

Modalitätsspezifische Optionen sind zu entwickeln und zu prüfen, wobei die Passung der modalitätsspezifischen Reize zu den vermittelten Markeninhalten als auch die Akzeptanz einzelner Reize beim Kunden zu prüfen ist. So kann es durchaus sein, dass ein Geruch die Positionierung vermittelt (z. B. Tannenduft = natürlich), aber dennoch keine Akzeptanz bei der Zielgruppe erzielt.

Die Reize müssen zueinander passen und ihre gegenseitige Wechselwirkung ist zu prüfen.

An den Touch Points ist die Umsetzung in erlebbare Maßnahmen zu realisieren.

Regelmäßige modalspezifische Effektivitäts- und Effizienzkontrollen sind durchzuführen.

Multisensorische Reize müssen hinsichtlich ihrer Reichweite, Wahrnehmung und der geeigneten Kommunikationsform geprüft werden. Neben der klassischen Kommunikation (Above-the-Line-Werbeform), die überwiegend mit visuellen und akustischen Reizen die Sinne anspricht, bietet vor allem die Below-the-Line-Kommunikation (u. a. Verkaufsförderung am POS, Events, Sponsoring) die Möglichkeit zur multisensorischen Vermittlung von Markenerlebnissen. Die multisensorische Beeinflussung des Konsumenten innerhalb von Räumlichkeiten über die fünf Sinne wird zukünftig durch die technische Entwicklung multisensorischer Beeinflussungstechniken an Bedeutung zunehmen. Auf Erregung bezogene Studien zum Verbraucherverhalten haben jedoch auch gezeigt, dass ein Übermaß an sensorischem Ausdruck vermieden werden sollte. Das Idealniveau von Stimulation und Erregung variiert von Mensch zu Mensch. Während unterhalb des Punktes der optimalen Erregung Langeweile einsetzt, kann es zur Nervosität, Gereiztheit bzw. Verärgerung kommen, wenn die optimale Stimulation überschritten wird.

Die Herausforderung in der Implementierung ist, den richtigen Touch Point zur Zielgruppe mit dem jeweils dafür geeigneten sensorischen Medium zu belegen. Die meisten Ansätze im multisensorischen Marketing sind jedoch nur Insellösungen und keine ganzheitlichen und integrierten Konzepte. Multisensorisches Branding ist keine Frage der Unternehmensgröße, sondern eine Frage der Markenvision der Unternehmensleitung, verbunden mit dem Verständnis um die Vorteile einer multisensorischen Ausrichtung. Ob eine sensorische Komplettausrichtung einer Marke notwendig und machbar ist, ist für jedes Unternehmen im Einzelfall zu analysieren und zu entscheiden.

Ihr Transfer in die Praxis
- Welche sensorischen Berührungspunkte gibt es zu ihrer Zielgruppe?
- Welche Gestaltungsmittel nutzen Sie in der Kommunikation für die gezielte Sinnesansprache?
- Wie viele Sinne sprechen Sie in der Kommunikation bzw. in Ihrem Verkaufsraum beim Kunden/Interessenten an?

Literatur

Aaker DA, Bruzzone DE (1985) Causes of irritation in advertising. J Mark 49:47–57

Allan D (2006) Effects of popular music in advertising on attention and memory. J Advertising Res, December 2006, S 434–444

Alpert MI, Alpert JI, Maltz EN (2005) Purchase occasion influence on the role of music in advertising. J Bus Res 58:369–376

Alpert JI, Alpert MI (1991) Contributions from a musical perspective on advertising and consumer behavior. Adv Consum Res 18:232–238

Alpert CT, Alpert MI (1988) Background music as an influence in consumer mood and advertising responses. Adv Consum Res 16:485–491

Areni CS, Kim D (1993) The influence of background music on shopping behavior: classical versus top-forty music in a wine-store. In: McAlister L,

Rothschild ML (Hrsg) Advances in consumer research, Bd. 20. Provo, UT, S 336–340

Argo JJ, Popa M, Smith MC (2010) The sound of brands. J Mark 74(July):97–109

Biehal G, Stephens D, Curlo E (1992) Attitude toward the ad and brand choice. J Advertising 21(3):19–36

Bruner GC (1990) Music, mood and marketing. J Mark 54(4):94–104

Caldwell C, Hibbert SA (1999) Play that one again: the effect of music tempo on consumer behaviour in a restaurant. Eur Adv Consum Res 4:58–62

Chebat J, Chebat CG, Vaillant D (2001) Environmental background music and in-store selling. J Bus Res 54:115–123

Craton LG, Lantos GP (2011) Attitude toward the advertising music: an overlooked potential pitfall in commercials. J Consum Mark 28(6):396–411

Doyle JR, Bottomley PA (2011) Mixed messages in brand names: separating the impacts of letter shape from sound symbolism. Psychol Mark 28(7):749–762

Flath B (2012) Sound und Image. Eine experimentelle Untersuchung zum Einfluss von Klangqualitäten auf die Wahrnehmung eines Produktimages im Kontext von Fernsehwerbung. Epos, Osnabrück

Föll K (2007) Consumer Insight. Emotionspsychologische Fundierung und praktische Anleitung zur Kommunikationsentwicklung. DUV, Wiesbaden

Fösken S (2006) Im Reich der Sinne. Absatzwirtschaft, 03

Galan J-P (2009) Music and responses to advertising: the effects of musical characteristics, likeability and congruency. Rech et Appl en Mark 24(4):3–22

Gorn GJ (1982) The effects of music in advertising on choice behaviour: a classical conditioning approach. J Mark 46(1):94–101

Henseler J (2005) Basisdüfte und Lebensstile. Eul, Lohmar

Herrington JD, Capella LM (1996) Effects of music in service environments – a field study. J Serv Mark 10(2):26–41

Hinton L, Nichols J, Ohala J (1994) Introduction: sound-symbolic processes. In: Hinton L, Nichols J, Ohala J (Hrsg) Sound symbolism. University Press, Cambridge, S 1–12

Hui MK, Dube L, Chebat J-C (1997) The impact of music on consumers' reactions to waiting for services. J Retail 73(1):87–104

Kellaris JJ, Kent RJ (1991) Exploring tempo and modality effects, on consumer responses to music. Adv Consum Res 18:243–248

Kellaris JJ, Kent RJ (1994) An exploratory investigation of responses elicited by music varying in tempo, tonality, and texture. J Cons Psychol 2(4):381–401

Kellaris JJ, Mantel SP (1996) Shaping time perceptions with background music: the effect of congruity and arousal on estimates of ad durations. Psychol Mark 13(5):501–515

Kellaris JJ, Rice RC (1993) The influence of tempo, loudness, and gender of listener on responses to music. Psychol Mark 10(1):15–29

Kellaris JJ, Cox AD, Cox D (1993) The effect of background music on ad processing: a contingency explanation. J Mark 57(4):114–125

Klink RR (2001) Creating meaningful new brand names: a study of semantics and sound symbolism. J Mark Theor Pract 9(2):27–34

Kroeber-Riel W, Weinberg P, Gröppel-Klein A (2009) Konsumentenverhalten, 9. Aufl. Vahlen, München

Langeslag P, Schwieger J, Sinn M (2013) The influence of sound design in videogames on brand awareness: an acoustic branding study for MLP and the audio consulting group. In: Bronner K, Hirt R, Ringe C (Hrsg) Audio branding academy yearbook. Nomos, Baden-Baden, S 199–208

Lantos GP, Craton LG (2012) A model of consumer response to advertising music. J Cons Mark 29(1):22–42

Lavack AM, Thakor MV, Bottausci I (2008) Music-brand congruency in high- and low-cognition radio advertising. Int J Advertising 27(4):549–568

Lindstrom M (2005) Brand sense – build powerful brands through touch, taste, smell, sight and sound. Free Press, New York

MacKenzie SB, Lutz RJ, Belch G (1986) The role of attitude toward the ad as a mediator of advertising effectiveness: a test of competing explanations. J Mark Res 23(2):130–143

Meyer S (2001) Produkthaptik: Messung, Gestaltung und Wirkung aus verhaltens-wissenschaftlicher Sicht. Gabler, Wiesbaden

Milliman RE (1982) Using background music to affect the behavior of supermarket shoppers. J Mark 46(3):86–91

Milliman RE (1986) The influence of background music on the behavior of restaurant patrons. J Cons Res 13(2):286–289

Mitchell VW, Walsh G, Yamin M (2005) Towards a conceptual model of consumer confusion. Adv Consum Res 32:143–150

Moosmayer DC, Melan M (2010) The impact of sound logos on consumer brand evaluation. Working Paper, University of Nottingham Business School China

Moreno R, Mayer RE (1999) Cognitive principles of multimed ia learning: the role of modality and contiguity. J Educ Psychol 91(2):358–368

North AC, Hargreaves DJ (1996) The effects of music on responses to a dining area. J Environ Psychol 16: 55–64 (zit. 1996)

North AC, Hargreaves DJ (1998) The effect of music on atmosphere and purchase intentions in a cafeteria. J Appl Psychol 28(4):2254–2273

North AC, Hargreaves DJ (2008) The social and applied psychology of music. Oxford University Press, Oxford

North AC, Hargreaves DJ, McKendrick J (1999) The influence of in-store music on wine selections. J Appl Psychol 84(2):271–276

Park CW, Young SM (1986) Consumer response to television commercials: the impact of involvement and background music on brand attitude formation. J Mark Res 23(February):11–24

Pechmann J, Brekenfeld A (2007) 5-Sense-Branding – multisensorische Markenführung: eine explorative Grundlagenstudie mit Empfehlungen für die Praxis, durchgeführt von MetaDesign und diffferent

Peevers G, McInnes F, Morton H, Matthews A, Jack MA (2009) The mediating effects of brand music and waiting time updates on customers' satisfaction with a telephone service when put on-hold. Inter J Bank Mark 27(3):202–217

Rempel JE (2006) Olfaktorische Reize in der Markenkommunikation, Theoretische Grundlagen und empirische Erkenntnisse zum Einsatz von Düften. Gabler, Wiesbaden

Rigg MG (1940) Speed as a determiner of musical mood. J Exp Psychol 27:566–571

Roth S (2005) Akustische Reize als Instrument der Markenkommunikation. Gabler, Wiesbaden

Royet J, Zald D, Versace R, Costes N, Lavenne F, König O, Gervais R (2000) Emotional Responses to pleasant and unpleasant olfactory, visual and auditory stimuli; a positron emission tomography study: Journal of Neurosciences 20: 7752 - 7759

Salzmann R (2007) Multimodale Erlebnisvermittlung am Point of Sale: eine verhaltens-wissenschaftliche Analyse unter besonderer Berücksichtigung der Wirkungen von Musik und Duft. Gabler, Wiesbaden

Schramm H, Kopiez R (2011) Die alltägliche Nutzung von Musik. In: Bruhn H, Kopiez R, Lehmann AC (Hrsg) Musikpsychologie Das neue Handbuch, 3. Aufl. Rowohlt, Reinbek bei Hamburg, S 253–265

Sharma A, Stafford TF (2000) The effect of retail atmospherics on customer's perceptions of salespeople and customer persuasion: an empirical investigation. J Bus Res 49(2):183–191

Shen Y-C, Chen T-C (2006) When east meets west: the effect of cultural tone congruity in ad music and message on consumer ad memory and attitude. Inter J Advertising 25(1):51–70

Smith P, Curnow R (1966) Arousal hypothesis and the effects of music on purchasing behavior. J Appl Psychol 50(3):255–256

Spence C (2012) Managing sensory expectations concerning products and brands: capitalizing on the potential of sound and shape symbolism. J Cons Psychol 22(1):37–54

Wilson S (2003) The effect of music on perceived atmosphere and purchase intentions in a restaurant. Psychol Music 31(1):93–112

Zander MF (2006) Musical influences in advertising: how music modifies first impressions of product endorsers and brands. Psychol Music 34(4):465–480

5

Praxisbeispiele multisensorischer Marken

Inhaltsverzeichnis

5.1	Singapore Airlines	91
5.2	Swarovski Kristallwelten	94
5.3	MINI	95
5.4	Multisensorische Markenführung in der Automobilindustrie	98

Zusammenfassung Marken werden in der Markenkommunikation oftmals nur mit der Ansprache von ein oder zwei Sinnen kommuniziert. Unternehmen, die ihre Marken mit der gezielten Ansprache von mehreren Sinnen den Kunden näherbringen, sind in der Minderheit. Markenplattformen wie Markenerlebniswelten, Museen, Roadshows etc. stellen dabei ein nützliches Marketinginstrument dar, um den Konsumenten ein größeres Spektrum an multisensorischer Gestaltung bieten zu können. Immer mehr Markenhersteller suchen den unmittelbaren Kontakt zu ihren Kunden und wollen ihnen am Point of Sale (POS) multisensorische Markenerlebnisse bieten. So können neben der visuellen Ansprache auch akustische Eindrücke, taktile Stimuli sowie olfaktorische als auch gustatorische Reize exakt auf die Marke abgestimmt werden.

© Der/die Autor(en), exklusiv lizenziert an Springer Fachmedien Wiesbaden GmbH, ein Teil von Springer Nature 2025
P. Steiner, *Quick Guide Multisensorisches Marketing*, Quick Guide,
https://doi.org/10.1007/978-3-658-46058-7_5

Dadurch lässt sich Produktdifferenzierung und Markenpräferenz optimal realisieren. Der POS wird zum Point of Experience (POE). Ziel dabei ist es, dass sich eine hohe Markenloyalität des Konsumenten einstellt.

> **Was Sie aus diesem Kapitel mitnehmen**
>
> - Welche Gestaltungsmittel bekannte Marken nutzen, um ihre Kunden erfolgreich multisensorisch anzusprechen.
> - Die unterschiedlichen Ausprägungen des multisensorischen Profils von Singapore Airlines.
> - Die unterschiedlichen Ausprägungen des multisensorischen Profils von Swarovski.
> - Die unterschiedlichen Ausprägungen des multisensorischen Profils von MINI.

Marken werden in der Markenkommunikation oftmals nur mit der Ansprache von ein oder zwei Sinnen kommuniziert. Unternehmen, die ihre Marken mit der gezielten Ansprache von mehreren Sinnen den Kunden näherbringen, sind in der Minderheit. Markenplattformen wie Markenerlebniswelten, Museen, Roadshows etc. stellen dabei ein nützliches Marketinginstrument dar, um den Konsumenten ein größeres Spektrum an multisensorischer Gestaltung bieten zu können.

Immer mehr Markenhersteller suchen den unmittelbaren Kontakt zu ihren Kunden und wollen ihnen am Point of Sale (POS) multisensorische Markenerlebnisse bieten. So können neben der visuellen Ansprache auch akustische Eindrücke, taktile Stimuli sowie olfaktorische als auch gustatorische Reize exakt auf die Marke abgestimmt werden. Dadurch lässt sich Produktdifferenzierung und Markenpräferenz optimal realisieren. Der POS wird zum Point of Experience (POE). Ziel dabei ist es, dass sich eine hohe Markenloyalität des Konsumenten einstellt. Dies wird erreicht, indem die alltägliche Verwendung des Markenprodukts dem punktuellen Markenerlebnis vor Ort entspricht.

Dieses Kapitel analysiert Unternehmen, die ihre Marken, insbesondere am POS, erfolgreich multisensorisch gestalten und kommunizieren. Anhand der drei Best Practice-Beispiele Singapore Airlines,

Swarovski Kristallwelten und MINI wird der Einsatz multisensorischer Markenführung ausführlich erläutert. Zudem wird ein Einblick gegeben, wie multisensorische Markenführung in der Automobilindustrie angewandt wird.

Die US-Kaffeehauskette Starbucks zählt zu jenen Unternehmen, die erfolgreich eine multisensorische Markenführung verfolgen. Durch die multisensorische Gestaltung der Outlets (u. a. typischer Kaffeegeruch, gediegene Wohnzimmeratmosphäre) wird der Kunde im Inneren des Cafés mit mehreren Sinnen angesprochen und erlebt folglich die Marke Starbucks multisensorisch.

Auch das US-Modehaus Abercrombie & Fitch setzt auf ein multisensorisches Markenerlebnis. So ist das Unternehmen bekannt für den Mix aus Kleidung, lauter Musik, verführerischem Duft und halbnackten Models.

Grundsätzlich ist zu beachten, dass multisensorische Markenerlebnisse am POS, als subjektiv empfundene, im inneren der Konsumenten entstehende Emotionen, vom Anbieter nicht „garantiert" werden können, da es entscheidend auf die Art der Rezeption und Verarbeitung durch den Kunden ankommt, ob ein Erlebnisangebot auch tatsächlich zu einem empfundenen Erlebnis wird oder nicht: Kaufen lässt sich immer nur das Erlebnisangebot, nicht das Erlebnis selbst – dieses muss jeder in eigener Regie produzieren.

5.1 Singapore Airlines

Das Unternehmen Singapore Airlines (SIA) ist die prototypische Ausprägung einer Markenplattform. Bei Fluglinien ist das Markenerlebnis am unmittelbarsten nachzuvollziehen, denn was ist der Innenraum eines Flugzeuges anderes als die Präsentation der eigenen Marke.

Singapore Airlines war weltweit die erste Fluggesellschaft, die Anfang der 1970er Jahre ihren Gästen in der Economy-Class Kopfhörer kostenlos zur Verfügung gestellt hat. 1991 war es an Bord einer SIA zum ersten Mal während eines Fluges überhaupt möglich, über Satellit zu telefonieren. Zehn Jahre später folgte ein globales Inflight-E-Mail-System für alle Passagiere.

SIA hat schon früh begonnen sich multisensorisch in Szene zu setzen. So wurde 1968 die bekannte „Sarong Kebaya" Uniform vorgestellt und die international bekannten Flugbegleiterinnen der SIA, auch als Singapore Girls bekannt, debütierten. Ein Hauptfaktor des großen Erfolges von SIA ist der herausragende Kundenservice, wobei die überdurchschnittliche Aufmerksamkeit, die Singapore Airlines ihren Passagieren widmet, durch das Singapore Girl symbolisiert wird.

Die Stewardessen steuern nicht nur durch ihr einheitliches Aussehen – die Farben der Uniform sind mit den Markenfarben der Corporate Identity abgestimmt – einen Beitrag zur Marke bei, sondern sind durch ihr komplettes Auftreten und Verhalten entscheidend an der Bildung der Markenplattform beteiligt. Während viele Fluggesellschaften den multisensorischen Aspekt in der Markenführung Jahre lang ignoriert haben, hat sich Singapore Airlines, die sich als „Entertainment Gesellschaft in der Luft" betrachtet, schon sehr früh zum Ziel gesteckt, seinen Kunden ein multisensorisches Markenerlebnis zu bieten.

SIA setzt seit Ende der 1990er Jahre das speziell für die Fluglinie entwickelte Aroma „Stefan Floridian Waters" in der Flugkabine ein, welches auch als Markenduft des Unternehmens patentiert worden ist. Dieser Duft bildet die Grundlage des Parfums der Singapore Girls und des gesamten Flugpersonals. Außerdem wird dieses spezielle Aroma den „Hot Towels" zugefügt und sogar über die Klimaanlage in der Kabine verströmt. „Stefan Floridian Waters" wurde somit zum Markenzeichen für Singapore Airlines (Linxweiler und Siegle 2008).

Die Farben an Bord, die mit dem Make-Up und der Uniform der Flugbegleiterinnen harmonieren, gewährleisten eine einheitliche visuelle Kommunikation der Marke. In den Werbespots und den Lounges von SIA, wie auch in der Kabine kurz vor Abflug und bei der Landung, werden stets bestimmte asiatisch anmutende Klänge gespielt, die als Corporate Sound der Markenplattform Singapore Airlines fungieren. Exquisite Küche ist auch an Bord in allen Klassen Standard. Ein internationales Expertenteam – bestehend aus Spitzenköchen und Weinkennern – zeichnet für das leibliche Wohl an Bord verantwortlich. Abb. 5.1 zeigt in Anlehnung an Lindstrom (2005) das multisensorische Profil von Singapore Airlines.

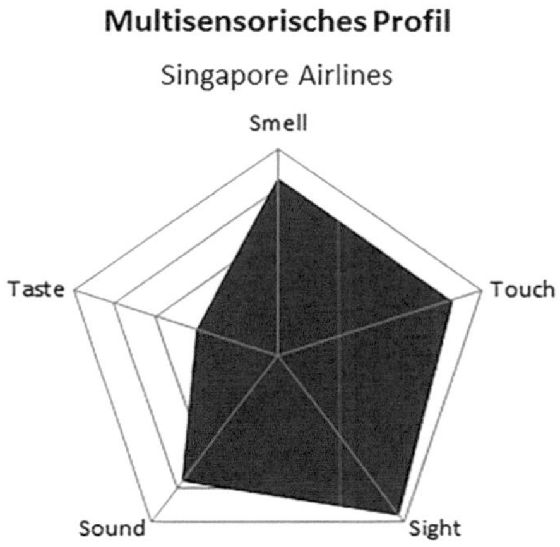

Multisensorisches Profil
Singapore Airlines

Abb. 5.1 Multisensorisches Profil von Singapore Airlines

Auch die haptischen Erlebnisse kommen an Bord nicht zu kurz, denn alle Gäste erhalten an Bord „Hot Towels" vor dem Abflug, die mit dem Markenduft „Stefan Floridian Waters" angereichert sind. Somit wird der haptische Sinn zugleich mit integriertem Duft angesprochen. Folglich ist das emotionale Markenerlebnis um ein Vielfaches größer und bleibt bei den Gästen stärker in Erinnerung. Zusätzlich werden Passagiere in der Business Class durch haptisch ansprechendes Geschirr verwöhnt, welches die haptische Komponente im Zuge der multisensorischen Markenführung noch verstärkt. Somit wird die Marke Singapore Airlines von den Kunden visuell, akustisch, olfaktorisch, haptisch und gustatorisch wahrgenommen. Sämtliche multisensorische Berührungspunkte mit der Zielgruppe werden herangezogen, um die Kunden gezielt mit allen Sinnen anzusprechen und in weiterer Folge stärker emotional an die Marke zu binden.

Das Unternehmen Singapore Airlines gilt als Benchmark im Bereich der multisensorischen Markenführung und zählt heute zu den erfolgreichsten Fluglinien der Welt. Zahlreiche internationale Auszeichnungen zeugen von dem außergewöhnlichen Erfolg.

5.2 Swarovski Kristallwelten

Die Marke Swarovski ist seit mehr als 100 Jahren Synonym für Erfindergeist, Poesie und zukunftsweisende Kristalltechnologie. Die konsequente Weiterentwicklung der einzigartigen Schleifkompetenz machte Swarovski zum führenden Hersteller von geschliffenem Kristall sowie von natürlichen und künstlichen Edelsteinen. Die Swarovski Gruppe erzielte 2020 einen Umsatz von 2,6 Mrd. € und beschäftigte rund 30.000 Mitarbeiter. Das Unternehmen betreibt rund 3000 Filialen weltweit.

Zum 100-jährigen Jubiläum des Familienunternehmens wurden die Swarovski Kristallwelten in Wattens eröffnet. Für das Gesamtkonzept dieser einzigartigen Markenplattform zeichnet der österreichische Künstler André Heller verantwortlich. Die Swarovski Kristallwelten beherbergen vierzehn unterirdische Wunderkammern im Inneren eines künstlich geschaffenen wasserspeienden Riesen, die von Künstlern wie Brian Eno, Keith Haring, Andy Warhol oder Niki de Saint Phalle geschaffen, gestaltet oder inspiriert wurden.

Die Kristallwelten ermöglichen die emotionale Aufladung der Marke Swarovski durch ein multisensorisches Markenerlebnis. Durch die funkelnde Gestalt des Kristalls werden bei den Besuchern Assoziationen zu Märchen, Mythen und Zauberwelten geschaffen. Der „Riese von Wattens", der den Eingang der Kristallwelten ziert, wurde zum Markenzeichen dieser Markenplattform.

Die vierzehn Wunderkammern, die als Hauptattraktion der Kristallwelten dienen, vereinen Kunst, Theater, Musik, Wissenschaft und Mythos in Formen der funkelnden, fantasie-anregenden Kristallkonzeptionen. Sie sind bewusst so konzipiert, dass sie den Besucher durch die gleichzeitige Ansprache mehrerer Sinne in den Bann ziehen. Der Schwerpunkt der multisensorischen Markenkommunikation der Swarovski Kristallwelten liegt jedoch auf der akustischen und der visuellen Ebene. So wird beispielsweise im „Kristalldom" durch 590 Spiegel an den Wänden ein farbenprächtiges Kaleidoskop geboten, wobei dem Besucher durch Lichtspiele, Musik und Farben emotional suggeriert wird, sich im Inneren eines Kristalls zu befinden. Abb. 5.2 zeigt in

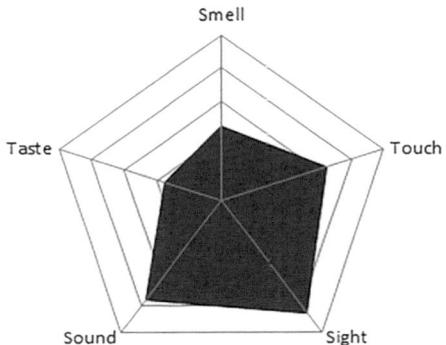

Abb. 5.2 Multisensorisches Profil der Swarovski Kristallwelten

Anlehnung an Linxweiler und Siegle (2008) das multisensorische Profil der Swarovski Kristallwelten.

Die akustischen, visuellen und gustatorischen Sinnesreize werden in den Kristallwelten regelmäßig im Rahmen des Kammermusikfestivals „Musik im Riesen" besonders angesprochen. Unter dem Motto „Kunst. Kulinarium.Konzert" präsentieren sich jedes Jahr namhafte Künstler aus aller Welt im klangvollen Ambiente. Dabei wird neben einer exklusiven Führung durch die Wunderkammern ein dreigängiges Menü angeboten. Das Unternehmen bezieht auch Kinder in das multisensorische Markenerlebnis mit ein, denn im Brandpark in Wattens können Kinder spielerisch kleine Kunstwerke aus Kristallen kreieren. Vieles kann nicht nur angesehen, sondern auch ertastet, gehört und sogar gerochen werden.

5.3 MINI

Der klassische Mini wurde von Sir Alec Issigonis für die British Motor Corporation entworfen und bis zum Jahr 2000 gebaut. Anstoß für die Entwicklung des kleinen und sparsamen Automobils war die Suezkrise und der von ihr ausgelöste Treibstoffengpass im Jahr 1956. Bei seiner

Einführung 1959 galt der Mini mit Frontantrieb, quer eingebautem Motor, einer Platz sparenden Gummifederung, einer gemeinsamen Ölwanne für Motor und Getriebe und cleverer Raumausnutzung als technischer Geniestreich. Dieser revolutionäre und sparsame Kleinwagen mit funktionalem Design entwickelte sich zum Kultfahrzeug einer jungen, unkonventionellen und für Veränderungen aufgeschlossenen Gesellschaft und wurde bis zum Jahr 2000 über fünf Mio. Mal verkauft.

Von der internationalen Motorpresse wurde der Mini zum bedeutendsten Auto des 20. Jahrhunderts gewählt und von der Fachzeitschrift „Automobilwoche" zum „Auto des Jahrzehnts" gekürt. Durch die Übernahme der BMW Group erfuhr die Marke im Jahr 2001 einen Relaunch. Erstmals wurde mit den Modellen MINI One und MINI Cooper eine Premiummarke im Kleinwagensegment etabliert. Aktuell gibt es folgende MINI Modellreihen: MINI Cooper SE, MINI 3-Türer, MINI 5-Türer, MINI Cabrio, MINI Clubman, MINI Countryman, MINI John Cooper Works und diverse MINI Sondermodelle.

Zur emotionalen Aufladung der Marke lehnen sich die Designer bis heute am klassischen Mini an. Die Kernelemente des heutigen MINI Designs, die für einen hohen Wiedererkennungseffekt sorgen, sind die steile Frontscheibe, die kurzen Überhänge vorne und hinten, der Kühlergrill, das Glasband der Fahrgastzelle mit schmalen A/B/C-Säulen und die zwei großen, runden Scheinwerfer, die schon für den Ur-Mini charakteristisch waren. Durch den wahrnehmungspsychologischen Ableitungsansatz können die jeweiligen Markenwerte in die Formensprache umgesetzt werden.

Im MINI spiegeln sich die Ursprünglichkeit und Identität unterschiedlicher Typen menschlicher Körperformen wider. Das Ergebnis ist eine authentische Gesamtgestalt, in der sich viele Zielgruppen wiederfinden. Die einfache Formsprache spricht alle Sinne an, sorgt für Langlebigkeit und ruft durch die Stimmigkeit der einzelnen Gestaltungselemente ein sympathisches und authentisches Bild hervor.

Der Hörsinn wird bei MINI besonders durch den Motorsound angesprochen. So ist das Sound Design des MINI Cooper S mit seinem satten Turbo-Blubbern des MINI Twin Power Turbo Motors stark differenzierend. Aber auch das typische MINI Blinker-Geräusch oder das Geräusch, das sich durch das Öffnen und Schließen der Autotür ergibt, wird von vielen Kunden bewusst wahrgenommen. Auch der Tastsinn spielt bei MINI eine bedeutende Rolle, so z. B. beim Türgriff, der in der Regel den ersten haptischen Kontakt mit dem Auto herstellt.

Das MINI Interieurdesign wiederum bietet ein unverwechselbares Ambiente, das erst durch die Zusammenstellung von Formen, Farben und Materialien entsteht. Die Kombination kreisförmiger Elemente mit der straffenden horizontalen Geometrie des Armaturenbretts prägt dabei ganz besonders die Formensprache. Durch die bewusste Auswahl besonders hochwertiger Materialien wird auch der Geruchssinn angesprochen. Denn häufig lässt sich die höchste unterbewusste Ablehnung feststellen, wenn Kunden ein Auto sprichwörtlich „nicht riechen können". Abb. 5.3 beinhaltet das multisensorische Profil des MINI Produktdesigns.

Der Marke MINI ist es gelungen, eine werteorientierte Zielgruppe anzusprechen, die sich nur bedingt anhand demografischer Kriterien beschreiben lässt. Bei MINI ist das Marketing nicht am Produkt ausgerichtet, sondern an der Marke, die den Lebensstil (Lifestyle) ihrer Kunden anspricht und anreichert. Obwohl die Marke stark emotional aufgeladen ist, polarisiert sie nicht.

Die zentrale Herausforderung für die Markenführung von MINI besteht in der kontinuierlichen Steigerung der Markenbekanntheit und in der kommunikativen Differenzierung vom Marktangebot der Wettbewerber, um den Markterfolg von MINI langfristig aufrecht erhalten zu können. Sowohl die Einzigartigkeit der Marke als auch die hohe Anspruchshaltung der Zielgruppe machen hierbei den Einsatz unkonventioneller und neuartiger Kommunikationsmaßnahmen notwendig.

Neben der Auswahl relevanter Kommunikationskanäle kommt es v. a. auf die Tonalität an. Umfangreiche Analysen des Mediennutzungsverhaltens der Zielgruppe zeigen die hohe Affinität der modernen Milieus gegenüber interaktiver Kommunikation und persönlicher Vermittlung von Informationen. Dementsprechend nehmen das Eventmarketing, das Markenerlebnis am Point of Sale und das Online-Marketing, insbesondere Social Media einen hohen Stellenwert in der MINI Markenkommunikation ein.

Als einer der wichtigsten Botschafter der Marke in der Automobilindustrie fungiert die Handelsorganisation, die sowohl das markentypische

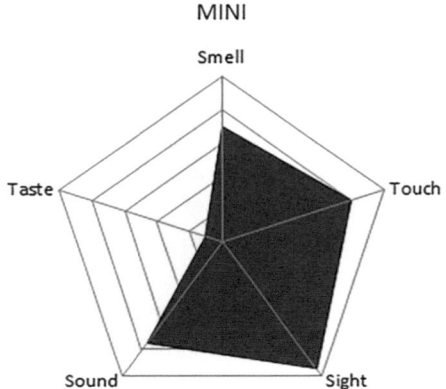

Abb. 5.3 Multisensorisches Profil des MINI Produktdesigns

Erscheinungsbild im Verkaufsraum, als auch die zielgruppengerechte Ansprache durch das Verkaufspersonal gewährleistet. Immer mehr der über 1000 MINI-Händler weltweit bieten die Marke exklusiv in eigenen Showrooms an, und dies vor allem in den Zentren der Metropolen und urbanen Gebieten. Das Ergebnis ist ein besonders intensives MINI Markenerlebnis. Um die Kunden im Verkaufsraum multisensorisch anzusprechen, hat beispielsweise die MINI Niederlassung München im Jahr 2005 den Wartebereich im MINI Showroom beduftet, wobei mit „Lemon Grass" ganz bewusst nur ein Duft Verwendung fand, um die Kunden an den Geruch zu gewöhnen.

5.4 Multisensorische Markenführung in der Automobilindustrie

Die Anschaffung eines Automobils ist für die Konsumenten in der Regel von großer Bedeutung, da es sich aufgrund der finanziellen Tragweite um eine wohlüberlegte Kaufentscheidung handelt. Zudem spielen zahlreiche rationale als auch emotionale Motive zusammen. Das Automobil ist ein typisches High-Involvement Produkt, mit dessen Kauf sich der Kunde relativ lange beschäftigt. Es gibt nur wenige Produkte in anderen Branchen, die ebenfalls eine so hohe emotionale Wirkung verursachen. Seit der Ära des T-Models von Henry Ford wurde oftmals versucht, ein standardisiertes Weltauto für alle Kundenwünsche zu produzieren und zu verkaufen. Bislang blieb dieses Vorhaben erfolglos.

Die Automobilwirtschaft ist ein prototypisches Beispiel für einen gesättigten Markt mit vergleichbaren Produkten, in dem eine kundenrelevante und kundenwahrnehmbare Differenzierung von Marken primär nur noch durch Kommunikation zu erreichen ist. In der Automobilwirtschaft ist derzeit ein eindeutiger Trend zum Markenmanagement und zum systematischen Kundenmanagement zu beobachten, der seine Ursachen zum Teil in strukturellen Veränderungen bei den Automobilherstellern, zum Teil aber auch in einem veränderten Kaufverhalten der Kunden hat.

Der Bedeutung der multisensorischen Markenführung wird bei Automobilkonzernen schon seit vielen Jahren Rechnung getragen. So hat beispielsweise Daimler schon vor einigen Jahren in Berlin ein eigenes Customer Research Center (CRC) mit 16 Psychologen und Ingenieuren eingerichtet, in dem jährlich die Gefühlswelt von rund 1000 Autofahrern erforscht wird. Auf dem Weg zum umweltverträglichen und sparsamen Auto werden Karosserie und Motoren technisch immer ähnlicher. Zukünftig wird die Markendifferenzierung über die Innenausstattung erfolgen – wie etwa über hervorragende Sitzbezüge.

Im Daimler-Labor wird nicht nur untersucht, welche Teile den Fahrer vom Verkehr ablenken, sondern auch optische, akustische und emotionale Sinnesreize, etwa die Wirkung des Knackens beim Blinken, werden analysiert. Tatsächlich führen die Akzeptanztests nicht nur zu Verbesserungen der Innenausstattung, sondern auch zur Optimierung von technischen Systemen. Neben den technischen Merkmalen sind es vor allem auch Emotionen, die ein Modell beim Fahrer auslöst. Sie prägen das Image eines Fahrzeugs und einer Marke.

Der Marktanteil von Premium-Fahrzeugen beträgt wertmäßig rund ein Drittel des gesamten Weltautomobilmarktes, und die Perspektiven für das Marktwachstum im Premium-Segment werden auch für die Zukunft erheblich positiver eingeschätzt als die im Volumen-Markt. Premium-Hersteller besitzen im Vergleich zu anderen Anbietern einen spirituellen Mehrwert, der sich durch die Historie der Marke ergibt und einen sinnstiftenden Charakter für den Konsumenten hat. Die wachsende Wettbewerbsintensität im Automobilmarkt spiegelt sich auch in den deutlich gestiegenen Aufwendungen für Mediawerbung wider.

Angesichts des attraktiven Angebots unterschiedlicher Fahrzeuge in allen Marktsegmenten spielt das Variety Seeking bei der Kaufentscheidung der Kunden eine große Rolle. Eine sinkende Markenloyalität ist die Folge. Automobile wurden in den letzten Jahren immer mehr zu emotional aufgeladenen Konsumprodukten, bei denen das Image der Marke ebenso wichtig ist wie die Funktion oder das Preis-Leistungs-Verhältnis. Erfolgreiche Hersteller, wie BMW oder Porsche, messen markenspezifischen Elementen wie u. a. Design, Markenerlebnis und Produktinnovationen, die das Markenprofil prägen, immer mehr Bedeutung bei. In kaum einem anderen Konsumgütermarkt ist das Bedürfnis nach Identifikation mit Marken so stark ausgeprägt wie im Automobilmarkt.

In der Automobilwirtschaft nimmt die multisensorische Markenkommunikation einen bedeutenden Stellenwert ein. Als Marketing-Instrumente am POS stehen neben der Media-Werbung, der Multimedia-Kommunikation, dem Direktmarketing, der Verkaufsförderung und dem Sponsoring vor allem das Eventmarketing und die Organisation von Messen und Ausstellungen zur Verfügung. Um sich erfolgreich vom Wettbewerb abzuheben, wird eine der Hauptaufgaben der Hersteller und des Handels künftig darin bestehen, den Kunden ein ganzheitliches Markenerlebnis zu vermitteln und ihnen die grundlegenden Markenwerte emotional und überzeugend darzubringen. Hierbei nimmt die erlebnisbetonte Kommunikation eine zunehmend wichtigere Stellung im Rahmen der Markenkommunikation der Automobilwirtschaft ein. Die erklärungsbedürftige Komplexität der Produkt-Dienstleistungsbündel erfordert zudem eine aktive Markengestaltung über die Inszenierung der Markenwerte hinaus.

In der Automobilwirtschaft zeichnen sich in der nicht-klassischen Kommunikation zwei große Bereiche ab: virtuelle Welten im Internet einerseits und Erlebniswelten als authentische Orte der Unternehmens- oder Markeninszenierung andererseits. Letztere werden als Instrument der Markenkommunikation an Bedeutung gewinnen, denn nichts ist überzeugender als das eigene Erleben.

Die Grundidee von Markenerlebniswelten ist es, den Kunden am Marken-POS positiv mit Markenkraft aufzuladen, z. B. durch intensive persönliche Markenerlebnisse. Hierzu zählt insbesondere die zeitlich ausgedehnte Ansprache über alle fünf Sinne. Während bei klassischen Kommunikationsmitteln (u. a. Print-, TV-, Radiowerbung) meist nur einige der fünf Sinne des Menschen (überwiegend Sehen und Hören) angesprochen werden, können durch eine Markeninszenierung in Erlebniswelten alle Sinneseindrücke geweckt und eine multisensorische Ansprache realisiert werden. So können u. a. Videoinstallationen eingesetzt werden, auf denen in der ganzen Erlebniswelt verteilt zur Ausstellung passende Filme gezeigt werden, welche die ausgestellten Fahrzeuge durch Lebendigkeit unterstützen.

Aber auch mithilfe von Geräuschen sowie musikalischen und melodischen Elementen – passend zur jeweiligen Ausstellung oder Veranstaltung – kann die besondere Stimmung in den Erlebniswelten untermalt werden. Haptische Reize sind über das Berühren und Ausprobieren der Fahrzeuge und der ausgestellten Exponate möglich. Der Emotionalisierungsprozess beim Besucher kann mit passenden Düften in den Fahrzeugen oder an ausgewählten Stellen in der Erlebniswelt unterstützt werden. Dem Geschmackssinn wird mittels der verschiedenen Gastronomiekonzepte (Coffee Bar, Restaurant, etc.) Rechnung getragen.

Beim internationalen Einsatz multisensorischer Erlebniswelten muss unbedingt berücksichtigt werden, dass aufgrund kultureller, religiöser und historischer Unterschiede sowohl visuellen, auditiven als auch den anderen Sinnesreizen in unterschiedlichen Ländern verschiedenartiger Symbolgehalt zukommt. Durch eine multisensorische Ansprache der Besucher können nicht nur passive Genüsse, sondern auch persönliche Erlebnisse vermittelt und Kaufentscheidungen positiv beeinflusst werden, wie beispielsweise durch den Kauf von Merchandising-Artikeln in integrierten Shops.

In Markenerlebniswelten entsteht meist eine beeindruckende Atmosphäre, die Vertrauen schafft und Loyalität fördert. Generell gilt: Je mehr verstärkende Reize beim Erleben vorhanden sind, desto mehr gedächtniswirksame Assoziationen werden hergestellt. Zahlreiche Automobilhersteller besitzen bereits Marken- bzw. Themenwelten, sogenannte Brand Lands, die dem Zweck dienen, das Unternehmen bzw.

die Marke erlebbar zu machen. Der Besucher lernt dabei das Unternehmen bzw. die Marke mittels Attraktionen kennen, wobei sich Unterhaltung mit Information zu einem intensiven Kommunikationserlebnis verbinden. Der Fokus ist hier im Gegensatz zu einer normalen Erlebniswelt stärker auf die Darstellung des Unternehmens und seiner Produkte gerichtet, wobei gleichzeitig eine ganzheitliche Präsentation der Marke angestrebt wird. Die direkte Kundenansprache über die ganzheitliche Präsentation der Marke und ihrer Produkte nimmt dabei eine wichtige Rolle ein.

So betreiben Marken wie BMW, Audi, Porsche, Volkswagen und Mercedes-Benz solche Brand Lands, wobei u. a. Werksbesichtigungen, Fahrzeugauslieferung, Museumsbegehungen, gastronomische Angebote, Marken-Lifestyle-Shops sowie themenbezogene Events und Veranstaltungen angeboten werden. Die Authentizität des Produktes wird somit neben den eigentlichen Fahrzeugabholungen durch ein vielfältiges und multisensorisches Angebot von Fahrprogrammen realisiert.

Aber auch die BMW-Welt in München und das Porsche Museum in Stuttgart-Zuffenhausen stellen architektonische Testimonials für die jeweilige Marke dar. Eine erlebnisorientierte Markeninszenierung verfolgt die folgenden Ziele, welche sich direkt auf den Besuch der Erlebniswelt beziehen:

- die Erhöhung der Identifikation mit der Marke,
- die Erhöhung der Verweildauer und der Wiederkehrwahrscheinlichkeit
- die Schaffung von Wohlbefinden
- die Erhöhung der Einkaufslust, auch wenn diese nicht in jeder Erlebniswelt vor Ort befriedigt werden kann, sowie
- die emotionale Bindung des Kunden an die Marke, die sich langfristig in regelmäßigen Wiederkäufen manifestieren soll.

Die auf diese Weise geschaffene emotionale Verbindung zur Marke bildet die Basis, um den Kunden im Anschluss regelmäßig über Internet, Katalog oder auch den klassischen Handel mit Kommunikationsmaßnahmen zu begleiten. Dadurch kann die Markenbegeisterung weiter aufgeladen und die Markenbindung gefestigt werden. Für den Follow

Up sind hierbei insbesondere die am eigenen Point-of-Experience gewonnenen Kundeninformationen (u. a. durch Scannerkassen und Kundenkarten) hilfreich. Es gilt, die Markenerlebniswelt immer wieder aufzufrischen und zu optimieren, ohne jedoch die Kernbotschaft der Erlebniswelt zu verändern.

> **Ihr Transfer in die Praxis**
> - Sie wissen nun, welche Gestaltungsmittel bekannte Marken nutzen, um ihre Kunden erfolgreich multisensorisch anzusprechen.
> - Wie sieht das multisensorische Profil für Ihre Marke(n) aus?
> - Mit welchen Sinnen sprechen ihre Wettbewerber Kunden an?

Literatur

Lindstrom M (2005) Brand sense – build powerful brands through touch, taste, smell, sight and sound. Free Press, New York

Linxweiler R, Siegle A (2008) Markenplattformen – erlebnis für alle Sinne. In: Herbrand NO (Hrsg) Schauplätze dreidimensionaler Markeninszenierung: Innovative Strategien und Erfolgsmodelle erlebnisorientierter Begegnungskommunikation. Edition Neues Fachwissen, Stuttgart, S 97–118

6

Fazit und Ausblick

Zusammenfassung Der Mensch ist grundsätzlich verschiedenen Umweltreizen ausgesetzt, die er über die fünf Sinnesorgane Augen, Ohren, Nase, Zunge und Haut aufnimmt. Es wird jedoch nur ein Bruchteil dessen, was wahrnehmbar ist, auch tatsächlich wahrgenommen, da nur wenige Reize die Wahrnehmungsschwelle überschreiten. Markenbotschaften werden aktuell oft nur mono- oder duosensual kommuniziert, d. h. auf ein oder zwei Sinneskanälen – meist visuell und akustisch. Dadurch verschenken Unternehmen erheblich Potenzial, um ihre Marken besser bekannt zu machen und auf einzigartige Weise im Gedächtnis der Konsumenten zu verankern. Multisensorische Markenkommunikation ermöglicht – vorausgesetzt bei richtiger Umsetzung – eine einzigartige Wahrnehmung und dauerhafte Präferenz der Produkte oder Dienstleistungen eines Unternehmens und bietet vielversprechende Möglichkeiten, Konsumenten bei höherer Zahlungsbereitschaft und stetiger Nachfrage langfristig und mit allen Sinnen an eine Marke zu binden.

Der Mensch ist grundsätzlich verschiedenen Umweltreizen ausgesetzt, die er über die fünf Sinnesorgane Augen, Ohren, Nase, Zunge und Haut aufnimmt. Es wird jedoch nur ein Bruchteil dessen, was wahrnehmbar ist, auch tatsächlich wahrgenommen, da nur wenige Reize die Wahrnehmungsschwelle überschreiten. Markenbotschaften werden aktuell oft nur mono- oder duosensual kommuniziert, d. h. auf ein oder zwei Sinneskanälen – meist visuell und akustisch. Dadurch verschenken Unternehmen erheblich Potenzial, um ihre Marken besser bekannt zu machen und auf einzigartige Weise im Gedächtnis der Konsumenten zu verankern.

In der Markenkommunikation dominiert der visuelle Sinn. Der auditive Sinn nimmt ebenfalls einen hohen Stellenwert ein. Würde man ein Ranking hinsichtlich der Dominanz unserer fünf Sinne erstellen, so würde nach dem Seh- und Hörsinn, der Geruchs-, Tast- und Geschmackssinn folgen. Die Vernachlässigung der drei letztgenannten Sinne in der Markenkommunikation lässt sich damit erklären, da es sich um sogenannte „Nahsinne" handelt, die eine direkte Interaktion voraussetzen.

Um Markeninhalte tief greifend zu verankern und starke Marken aufzubauen, wird eine multisensorische Gestaltung von Produkten, der Kommunikation und der Berührungspunkte mit dem Kunden immer bedeutender. Dabei bedarf es einer ganzheitlichen Gestaltung, die nur von der Marke als Ganzes ausgehen kann. Eine isolierte gestalterische Betrachtung einzelner Elemente darf nicht verfolgt werden. Die Bedeutung der fünf Sinne variiert beim Konsumenten je nach Produktkategorie. Während beispielsweise bei Kleidung der Seh- und Tastsinn eine große Rolle spielen, gewinnt bei Automobilen die Akustik an Bedeutung. Reize, die multisensorisch aufeinander abgestimmt sind, erzeugen Aufmerksamkeit (die vermittelten Informationen werden im Allgemeinen spontan und schneller wahrgenommen, da sie durch den emotionalen Einfluss stärker aktivieren), wirken implizit (die vermittelten Informationen werden im Gehirn weitestgehend automatisch und mit geringerer gedanklicher Kontrolle aufgenommen und verarbeitet) und werden intensiver abgespeichert (die vermittelten Informationen werden ganzheitlich verarbeitet und damit grundsätzlich intensiver gespeichert. Sie haben eine fast unbegrenzte Lebensdauer).

Wird der Menschen durch alle fünf Sinne angesprochen, so nimmt er Marken schneller auf und integriert sie schneller im Gedächtnis. Bei multisensorisch geführten Marken ist sowohl die Wahrnehmungsintensität als

6 Fazit und Ausblick

auch die Erlebnisqualität sehr viel stärker als bei Marken, die den Konsumenten nur durch ein oder zwei Sinne ansprechen. Dieser neuronale Verstärker-Mechanismus wird Multisensory Enhancement genannt.

Multisensorisches Markendesign und die daraus resultierende multisensorische Markenkommunikation ermöglichen – vorausgesetzt bei richtiger Umsetzung – eine einzigartige Wahrnehmung und dauerhafte Präferenz der Produkte oder Dienstleistungen eines Unternehmens. Multisensorische Markenkommunikation bietet vielversprechende Möglichkeiten, Konsumenten bei höherer Zahlungsbereitschaft und stetiger Nachfrage langfristig und mit allen Sinnen an eine Marke zu binden.

Um eine multisensorische Markenführung erfolgreich zu implementieren, bedarf es einer entsprechenden Markenpositionierung, der eine eigens für die Marke entwickelte Markenidentität samt Markenkern zu Grund liegt. Im nächsten Schritt gilt es, die Markenpositionierung in ein zentrales Markengefühl zu übersetzen, d. h. welche Emotionen bzw. welche Gefühle sollen mit dieser Positionierung geweckt werden. Die multisensorische Markenführung hat nun die Aufgabe, dieses zentrale Markengefühl auf alle Marken-Kontaktpunkte (Brand Touch Points) multisensorisch zu übersetzen. Grundsätzlich gilt: Je mehr sensorische Berührungspunkte es zur Zielgruppe gibt, desto effektiver kann eine multisensorische Markenkommunikation implementiert werden. Multisensorische Reize müssen zudem hinsichtlich ihrer Reichweite, Wahrnehmung und der geeigneten Kommunikationsform geprüft werden. Neben der klassischen Kommunikation (Above-the-Line-Werbeform), die überwiegend mit visuellen und akustischen Reizen die Sinne anspricht, bietet vor allem die Below-the-Line-Kommunikation (u. a. Verkaufsförderung am POS, Events, Sponsoring) die Möglichkeit zur multisensorischen Vermittlung von Markenerlebnissen.

Da durch die Marketingaktivitäten im Allgemeinen mehrere Sinne gleichzeitig angesprochen werden, ist es wichtig, das Zusammenwirken von mehreren Reizmodalitäten zu beachten. Durch unzureichende Abstimmung der zur Beeinflussung eingesetzten Reize, vor allem aber durch die Vernachlässigung vieler Reizmodalitäten im Marketing (zum Beispiel von Musik) kommen erhebliche Wirkungsverluste zustande. Zur Erleichterung der Verarbeitung von multisensorischen Reizen sollten diese aufeinander abgestimmt sein. Um die erzeugten Kommunikationseindrücke zu vereinheitlichen und zu verstärken, gilt es sowohl eine inhaltliche als auch eine formale Abstimmung aller Kommunikationsmaßnahmen zu verfolgen. Ziel ist es, dass die Konsumenten die durch die Kommunikation vermittelten unterschiedlichen Sinneseindrücke als einheitliches Bild wahrnehmen.

Generell liegt das Risiko der multisensorischen Markenführung in der Reizstärke bzw. im Umfang der Dosierung einzelner Instrumente wie Düfte, Farben oder Musik. In hektischen Zeiten können angenehme Düfte, die passende Musik und eine entspannende Farbgestaltung beruhigende Wirkung auf die Konsumenten haben. Bei allen Vorteilen von Emotionen und Erlebnissen ist eine „Emotionalisierung um jeden Preis" zu vermeiden und auf einen optimalen Mix aus emotionalen und informativen Argumenten zu achten. Wichtig ist auch, dass Sinnesreize und Unternehmenskonzept zusammenpassen.

Die Intensität der multisensorischen Wahrnehmung ist u. a. abhängig vom Geschlecht. Frauen sprechen auf der multisensorischen Ebene wesentlich stärker an als Männer. So reagieren Frauen beispielsweise beim Schmerzreiz als auch beim Geruchssinn früher und intensiver. Auch vom Alter ist die Intensität der multisensorischen Wahrnehmung abhängig. So nehmen die Qualitäten unserer Sinne mit dem Alter ab, folglich auch die Sensibilität für die Multisensorik.

Automobile wurden in den letzten Jahren immer mehr zu emotional aufgeladenen Konsumprodukten, bei denen das Image der Marke ebenso wichtig ist wie die Funktion oder das Preis-Leistungs-Verhältnis. Erfolgreiche Automobilmarken wie BMW oder Porsche messen markenspezifischen Elementen wie u. a. Design, Markenerlebnis und Produktinnovationen, die das Markenprofil prägen, immer mehr Bedeutung bei. In kaum einem anderen Konsumgütermarkt ist das Bedürfnis nach Identifikation mit Marken ähnlich stark ausgeprägt als im Automobilmarkt.

Um sich erfolgreich vom Wettbewerb abzuheben, wird eine der Hauptaufgaben der Hersteller und des Handels künftig darin bestehen, dem Kunden ein ganzheitliches Markenerlebnis zu vermitteln und ihm die grundlegenden Markenwerte emotional und überzeugend darzubringen. Hierbei nimmt die erlebnisbetonte Kommunikation eine zunehmend wichtigere Stellung im Rahmen der Markenkommunikation ein. Durch eine multisensorische Ansprache der Besucher können nicht nur passive Genüsse, sondern auch persönliche Erlebnisse vermittelt und Kaufentscheidungen positiv beeinflusst werden.

Grundsätzlich können alle Elemente der multisensorischen Markenkommunikation im Deutschen Patent- und Markenamt (DPMA) markenrechtlich geschützt werden. Die im DPMA eintragbaren Markenformen sprechen überwiegend den visuellen Sinn, als auch den Gehörsinn (Hörmarke; Klangmarke; Multimediamarke) an. Markenformen, die den Geruchssinn oder Geschmackssinn ansprechen, spielen noch eine untergeordnete Rolle und können derzeit nur als „Sonstige Marke" in das Markenregister eingetragen werden.

Aufgrund des weiter steigenden Differenzierungsdrucks werden Unternehmen in Zukunft der multisensorischen Markenkommunikation verstärkte Aufmerksamkeit widmen, da Menschen ihre Umgebung mit allen Sinnen wahrnehmen und folglich ihre Entscheidungen auf Basis ihrer multisensorischen Wahrnehmung treffen. Die verschiedenen Sinneseindrücke lösen unterschiedliche Assoziationen aus und sprechen unterschiedliche Werte an, die letztlich zum Kauf führen können. Wie man bei erfolgreichen Marken feststellen kann, wird die Multisensorik zunehmend in die Markenstrategie aufgenommen. So sind in den letzten Jahren zahlreiche Sound Branding-Agenturen, als auch Geruchs-Institute entstanden. Diese Beispiele verdeutlichen, dass Unternehmen sukzessive mehr Wert auf eine multisensorische Markenführung legen. Experten in Wissenschaft und Praxis sind davon überzeugt, dass die multisensorische Beeinflussung zukünftig eine weitaus größere Rolle spielen wird als bisher.

7

Experteninterviews

Zusammenfassung Wissenschaftlicher Direktor des markstones Institute of Marketing, Branding & Technology der Universität Bremen

> **Experteninterview 1**
> Prof. Dr. Christoph Burmann
> Wissenschaftlicher Direktor des markstones Institute of Marketing, Branding & Technology der Universität Bremen
> (www.markstones.de)

Steiner
Was verstehen Sie unter multisensorischem Marketing?

Burmann
Eine moderne und professionelle Markenführung, die alle Sinnesorgane der Zielgruppe anspricht und dabei versucht, die Identität und das Nutzenversprechen der Marke kohärent und dauerhaft an allen Markenkontaktpunkten (Brand Touch Points) zu transportieren.

© Der/die Autor(en), exklusiv lizenziert an Springer Fachmedien Wiesbaden GmbH, ein Teil von Springer Nature 2025
P. Steiner, *Quick Guide Multisensorisches Marketing*, Quick Guide,
https://doi.org/10.1007/978-3-658-46058-7_7

Steiner
Wann sind Sie das erste Mal mit multisensorischem Marketing in Berührung gekommen?

Burmann
Im Zuge der Dissertation zu diesem Thema von Frau Dr. Christiane Springer, die ich damals zusammen mit meinem Kollegen Manfred Kirchgeorg von der HHL und Porsche in Leipzig betreuen durfte. Diese sehr lesenswerte Dissertation wurde in unserer Buchreihe zum innovativen Markenmanagement im Springer-Gabler Verlag publiziert und hat bei uns viele weitere Forschungsaktivitäten zum multisensorischen Marketing inspiriert.

Steiner
Wie funktioniert multisensorisches Marketing?

Burmann
Sie verstärkt die klassischen, meist nur textlich-bildhaften Markenreize im Gehirn des Menschen durch ein abgestimmtes „Orchester" weiterer Sinneseindrücke. Damit verbessert sich die Aufmerksamkeitsstärke und die Gedächtniswirkung einer Marke. Zudem wird die Marke im Kopf der Rezipienten facettenreicher und sehr viel emotionaler. Die multisensorischen Sinneseindrücke führen zu zusätzlichen Assoziationen, die mit der Marke verknüpft werden, z. B. ausgelöst durch markenspezifische Duftstoffe oder Musik. Diese zusätzlichen Assoziationen durch die Ansprache mehrerer Sinne sind fast immer stark emotional unterlegt, weil z. B. Musik oder Gerüche im Gehirn des Menschen Emotionen auslösen und sich diese Emotionen dann mit der Marke verbinden und damit die immer wichtigere emotionale Profilierung von Marken ermöglichen und verstärken.

Steiner
Gibt es einen bestimmten Sinn, der im Rahmen des multisensorischen Marketings bevorzugt angesprochen respektive vernachlässigt wird?

Burmann
Meist setzt die Markenführung heute primär auf visuelle Reize in Form von sachbezogenen, textlichen Informationen und leider immer noch zu wenig auf Bilder oder bildhafte Symbole. Wenn Bilder verwendet werden, dann stehen diese oft in keinem nachvollziehbaren und glaubwürdigen Verhältnis zu den Inhalten, für die eine Marke mit ihrer Identität stehen sollte. Stattdessen sind die verwendeten Bilder oft generisch und machen nicht deutlich, was das Besondere der Marke ist. Auch für das multisensorische Marketing ist es von großer Bedeutung, alle eingesetzten Reize genau auf die Identität und das Nutzenversprechen der Marke auszurichten. Dabei sollte man die visuellen Reize um akustische, haptische und olfaktorische Reize ergänzen. In einigen wenigen Fällen können dann auch noch gustatorische Reize ergänzend eingesetzt werden.

Steiner
Was sind Erfolgsfaktoren für multisensorisches Marketing?

Burmann
Die richtige, sich gegenseitig verstärkende Mischung der verschiedenen Reize und deren optimale Ausrichtung auf die Identität und das Nutzenversprechen der Marke. Wenn man dann diese eher konzeptionell-analytische Herausforderung gelöst hat, müssen die Reize konsequent an möglichst vielen Brand Touch Points umgesetzt werden. Die ist nicht ganz leicht, weil die Marke meist keinen vollständigen Durchgriff auf alle Brand Touch Points hat (man denke hier z. B. an die Markenpräsenz auf Plattformen). Zudem ist es sehr wichtig, die Zielgruppe für die eigene Marke sehr genau und möglichst eng abzugrenzen, um die einzelnen Reize gezielt auf die Präferenzen dieser Zielgruppe ausrichten zu können. Je breiter die Markenzielgruppe ist, desto schwieriger wird der gezielte und wirksame Einsatz des multisensorischen Marketings. Dabei muss man auch untersuchen, welche Reizprofile die Zielgruppen mit den wichtigsten Wettbewerbsmarken verknüpfen, um sich davon klar abgrenzen zu können.

Steiner
Welche gelungenen Beispiele aus dem Bereich multisensorischen Marketings fallen Ihnen spontan ein?

Burmann
Leider immer noch viel zu wenige! Die Deutsche Telekom wird hier ja immer wieder und wie ich finde zu recht genannt, weil sie einen speziellen Sound (Jingle) sehr konsequent und schon seit vielen Jahren zur Profilierung ihrer Marke nutzt. Bei den übrigen Sinnen besteht aber auch bei der Deutschen Telekom noch Nachholbedarf.

Steiner
Gibt es spezielle Branchen, in denen multisensorisches Marketing bevorzugt eingesetzt wird?

Burmann
Ich beobachte im Business-to-Business Bereich oft eine große Skepsis gegenüber der multisensorischen Markenführung. B2B-Unternehmen glauben hier leider immer noch häufig, die multisensorische Markenführung sei nur etwas für Konsumgütermarken. Hier verschenkt man Erfolgspotenziale, denn Menschen reagieren auf die multisensorische Ansprache immer gleich, egal was sie kaufen, Konsumgüter-, Dienstleistungs- oder Investitionsgütermarken.

Steiner
Welchen Stellenwert nimmt multisensorisches Marketing in der aktuellen Unternehmenspraxis ein?

Burmann
Leider immer noch einen viel zu geringen, denn sie kommt aus ihrer Nische immer noch nicht heraus. Dies ist sehr bedauerlich, denn empirische Studien zeigen deutlich, dass viele Marken heute von den Nachfragern als weitgehend austauschbar erlebt werden. Diese Austauschbarkeit und damit Bedeutungslosigkeit vieler Marken hat sich durch den E-Commerce-Boom, das Wachstum von Vergleichsportalen und die Dominanz von Plattformen (z. B. Amazon Marketplace) leider noch

verstärkt. Aus dieser Austauschbarkeitsfalle können sich Marken durch eine moderne, identitätsbasierte Markenführung und vor allem durch multisensorisches Marketing befreien.

Steiner
Wie sehen Sie die Zukunft von multisensorischem Marketing?

Burmann
Immer noch sehr positiv, weil ich fest davon überzeugt bin, dass die Unternehmen die von mir gerade erwähnten Chancen früher oder später erkennen werden. Leider setzt dieser Erkenntnisprozess nach meiner Erfahrung viel zu langsam ein, weil sich viele Praktiker immer wieder von zahlreichen digitalen Gimmicks ablenken lassen, die gerade wieder „durchs Dorf getrieben werden". Darüber hinaus bieten augmented- und virtual reality Anwendungen in Verbindung mit leistungsfähigen Smartphones viele neue Chancen für die multisensorische Markenführung. Auch hierzu kann ich wieder auf eine neue, gute Dissertation an unserem markstones Institut verweisen, die Frau Dr. Nikic-Cemas gerade im Springer-Verlag publiziert hat.
   Ich bedanke mich für das Interview!
13.09.2021

Experteninterview 2

Prof. Dr. Tobias Langner
Lehrstuhl für Betriebswirtschaftslehre insb. Marketing
Schumpeter School of Business and Economics
Bergische Universität Wuppertal
(www.uni-wuppertal.de).

Steiner
Was verstehen Sie unter multisensorischem Marketing?

Langner
Unter multisensorischem Marketing verstehen wir die zielgerichtete Ansprache aller menschlichen Sinne, strategisch als auch operativ, zur Beeinflussung des Kundenverhaltens zugunsten der eigenen Marke.

Steiner
Wann sind Sie das erste Mal mit multisensorischem Marketing in Berührung gekommen?

Langner
Man kann heute leicht den Eindruck gewinnen, das multisensorische Marketing sei eine Errungenschaft des modernen Marketings, quasi als Antwort auf die großen Herausforderungen, die uns die heutigen beschleunigten und übersättigten Märkte mit ihren hedonistischen Konsumenten stellen. Die gezielte Ansprache des Kunden über unterschiedliche Sinne ist allerdings eine Beeinflussungstechnik, die es wahrscheinlich so lange gibt, wie sich Menschen Gedanken darum machen, Produkte zu vermarkten. Von den Wiener Kaffeehäusern wird beispielsweise berichtet, dass schon vor 100 Jahren vor ihrer Öffnung stets frische Kaffeebohnen auf dem Boden zertreten und anschließend mit einem Besen in die Bodenfugen gekehrt wurden, um den Kaffeehausbesuchern auch olfaktorisch ein besonderes Erlebnis zu bereiten. Ich selbst bin mit dem Thema erstmalig Anfang der 90er Jahre in einer Vorlesung von Werner Kroeber-Riel an der Universität des Saarlandes in Berührung gekommen. Besonders im Handel und bei einigen Konsumgüterherstellern wurde dem Thema schon damals eine große Aufmerksamkeit gewidmet.

Steiner
Wie funktioniert multisensorisches Marketing?

Langner
Darüber kann man ganze Bücher verfassen … In aller Kürze: Zunächst einmal muss eine Marke ihre Hausaufgaben machen und ihre Identität und Positionierung ableiten. Die Positionierung muss dann in die unterschiedlichen Sinnesmodalitäten operationalisiert werden. Ich muss mir also Gedanken machen, wie man beispielsweise „fernöstliche Exotik" wie bei Singapore Airlines visuell, akustisch, haptisch, olfaktorisch oder auch gustatorisch umsetzen kann. Die über die unterschiedlichen Sinne vermittelten Eindrücke müssen aufeinander abgestimmt werden, sodass ein konsistentes Bild zur Marke vermittelt wird. Es muss dabei

konsequent darauf geachtet werden, dass möglichst jeder Markenkontakt die Positionierung unmissverständlich transportiert.

Steiner
Gibt es einen bestimmten Sinn, der im Rahmen des multisensorischen Marketings bevorzugt angesprochen respektive vernachlässigt wird?

Langner
Im Zentrum der Überlegungen in der Marketingpraxis steht meist der visuelle Sinn. Mit der optischen Gestaltung von Marken beschäftigt man sich gemeinhin sehr intensiv. Das ist verständlich, da auch die meisten Markenkontakte visueller Natur sind. Die anderen Sinne geraten darüber allerdings gerne in Vergessenheit. Das ist schade, da von ihnen immense Wirkungen ausgehen können. Nehmen Sie unseren „archaischen" Geruchssinn: Direkt und ohne rationale Kontrolle können Düfte starke Emotionen auslösen. Der Duft entscheidet maßgeblich, ob wir uns zu etwas hingezogen oder von etwas abgestoßen fühlen. Der Spruch „Ich kann Dich nicht riechen" kommt nicht von ungefähr. Aber auch Akustik, Gustatorik, Haptik und Tastsinn können einen maßgeblichen Beitrag zur Vermittlung der Markenpositionierung, zur Schaffung von Einzigartigkeit und damit zur Markenbindung leisten. Fast schon notorisch ignoriert wird in diesem Zusammenhang die Markenmotorik. Inzwischen wissen wir, dass von den Handlungen, die wir im Rahmen des Konsums von Marken ausführen, ganz besonders intensive Wirkungen ausgehen können. Das „Dreh-Leck-Eintauch" Ritual der Oreo Kekse oder das „Schütteln" der Orangina Flasche erzeugen in einer Kombination haptischer, motorischer, gustatorischer und akustischer Eindrücke ein einzigartiges Markenerlebnis.

Steiner
Was sind Erfolgsfaktoren multisensorischen Marketings?

Langner
Entscheidend ist die konsistente Abstimmung aller Sinneseindrücke auf die Markenpositionierung. Alle Eindrücke zu einer Marke, unabhängig davon, von welchem Sinn sie vermittelt werden, sollten auf die

Markenpositionierung einzahlen. Einige Marketingpraktiker betonen, dass Marken überraschen sollten, dass gezielte Brüche zwischen unterschiedlichen Markeneindrücken das Interesse der Konsumenten fördern würden. Verhaltenswissenschaftliche Studien belegen etwas anderes. Der menschliche Wahrnehmungsapparat bevorzugt demnach Konsistenz. Die durch die unterschiedlichen Sinne vermittelten Markeneindrücke müssen zueinander passen. Inkonsistenzen zwischen den Sinnesmodalitäten werden mit schlechteren Erinnerungs-, Gefallens- und Überzeugungswirkungen bestraft.

Steiner
Welche gelungenen Beispiele aus dem Bereich multisensorischen Marketings fallen Ihnen spontan ein?

Langner
Inzwischen gibt es einige Marken, die sich zu wahren Multisensualitätsprofis entwickelt haben. Im Dienstleistungsbereich ist Singapore Airlines ein starkes Beispiel. Visuelle, olfaktorische, akustische und gustatorische Eindrücke vermitteln unisono die Positionierung der exotischen, fernöstlichen Airline. Das fernöstliche florale Batikmuster der Marke, das sich auch auf der Kleidung der Flugbegleiterinnen wiederfindet, bildet dabei den Ausgangspunkt des multisensorischen Erlebnisses und wurde in alle Sinne übersetzt. Der neue Corporate Scent „Batik Flora", die fernöstliche Bilderwelt, der neue Corporate Sound sowie das gustatorische Erlebnis werden in den Lounges sowie den Flugzeugen konzertiert eingesetzt und vermitteln so ein unverwechselbares Markenerlebnis.

Steiner
Welchen Stellenwert nimmt das multisensorische Marketing in der aktuellen Unternehmenspraxis ein? Gibt es spezielle Branchen, in denen multisensorisches Marketing bevorzugt eingesetzt wird?

Langner
Mein Eindruck ist, dass die Multisensualität immer noch nicht die Bedeutung erfährt, die ihr angemessen wäre. Einige Marken nutzen

sie zwar professionell. Zu oft wird aber noch die Gestaltung der Multisensualität und die Verzahnung der unterschiedlichen Sinnesmodalitäten dem Zufall überlassen und damit wertvolles Markenpotenzial verschenkt. In einer unserer Studien haben wir beispielsweise herausgefunden, dass bereits periphere Eindrücke starke Einflüsse auf die Schlussfolgerungen zu einer Marke auslösen können. Die Dicke und Rauheit eines Werbeflyers für einen Laufschuh übt beispielsweise einen signifikanten Einfluss darauf aus, wie man die Eignung des Laufschuhs für unterschiedliche Untergründe beurteilt und wie man die Gesamtqualität des Schuhs einschätzt. Diese Schlussfolgerungen erfolgen, ohne dass der Konsument dies hinterfragt. Genauso schließen wir beispielsweise von der Dicke, der Temperatur und Schwergängigkeit der Bedienschalter einer Maschine auf deren Verarbeitung. Analoges gilt für die Akustik oder die Olfaktorik von Maschinen. Alles Aspekte, die im Konsumgüterbereich bereits gezielt eingesetzt werden. Im B2B-Bereich, aber auch in der Pharmabranche, bleiben diese Zugänge meist noch ungenutzt. Große Kompetenzen im Bereich der multisensualen Markenführung zeigen sich dagegen im Handel oder in der Autobranche.

Steiner
Wie sehen Sie die Zukunft von multisensorischem Marketing?

Langner
Rosig! Multisensualität geht Hand in Hand mit Emotionalität. Multisensorische Marken machen einfach Spaß und kommen der ausgeprägten Hedonismusorientierung unserer beschleunigten Gesellschaft entgegen. Auch ist es wohl nur eine Frage der Zeit bis das Internet „vollumfänglich" multisensual wird und wir beim Surfen auch noch riechen können.
Ich bedanke mich für das Interview!
30.09.2021

Experteninterview 3
Jon Christoph Berndt
Geschäftsführer
Brandamazing, München (www.brandamazing.com).

Steiner
Was verstehen Sie unter multisensorischem Marketing?

Berndt
Für mich ist das die Ansprache aller Sinne, wenn man mit einem Unternehmen oder einem Produkt in Berührung kommt. Eine solche Ansprache profiliert die Marke ganz besonders stark und eindeutig und sorgt dafür, dass sie besonders gut erinnert wird. Das ist im immer härteren Wettbewerb und dem daraus resultierenden Kampf um die Aufmerksamkeit der Kunden und Konsumenten immer wichtiger. Da genügt es schon lange nicht mehr, eine Marke nur visuell und darüber hinaus akustisch erlebbar zu machen. Dennoch sehe ich häufig, dass Unternehmen hier viele Chancen ungenutzt lassen. Sie müssen umdenken: Neben Augen und Ohren müssen auch Nase, Zunge und Haut angesprochen werden, und zwar wohl orchestriert im Sinne aufeinander abgestimmter Kommunikationsmaßnahmen.

Steiner
Wann sind Sie das erste Mal mit multisensorischem Marketing in Berührung gekommen?

Berndt
Wir haben vor 15 Jahren im Rahmen internationaler Trainings mit Inhabern, Geschäftsführern und Verkäufern bei BMW Motorrad-Händlern sehr intensiv darüber gesprochen, wie der Kunde die Marke und das Produkt erlebt. Inhalt des Trainings war, den Schauraum gemäß der Sinneswahrnehmung zu optimieren. Dabei spielte das Anfassen, besonders auch von Kleidung und Zubehör, eine große Rolle: Feeling is believing! Auch diskutierten wir mit den Teilnehmern intensiv darüber, dass man die Marke immer auch riecht und schmeckt, wenn man die Verkaufsräume betritt: Riecht und schmeckt es frisch und sommerlich oder nach trockener Heizungsluft – oder vielmehr nach kaltem Gummi, das nur darauf wartet, heißgefahren zu werden? Das kann und sollte man beeinflussen, und viele Händler haben es dann auch langfristig beherzigt.

Steiner
Wie funktioniert multisensorisches Marketing?

Berndt
Markenkommunikation funktioniert nur dann, wenn die Macher ein einheitliches Verständnis von der Markenidentität haben und sie als Grundlage für die Kommunikation über alle Kanäle sehen. Ein starker Baustein dabei ist die Positionierung in der Gefühls- und Emotionswelt der Zielgruppe, weil emotional orientierte Botschaften fürs Herz weit besser erinnert werden als bloß rationale Informationen für den Kopf. Nur wenn das gute Bauchgefühl erzeugt wird, hat die Marke die Chance, vom Konsumenten in Betracht gezogen zu werden. Die multisensorische Markenkommunikation hat deshalb die Aufgabe, all das, wofür die Marke steht (und besonders ihre Nutzenvorteile) in visuelle, akustische, olfaktorische, gustatorische und haptische Reize zu übersetzen und sie dadurch besonders gut erlebbar zu machen. Das stimmige Zusammenspiel all dieser Sinneseindrücke sorgt dann für das klare und unverwechselbare Bild im Kopf der Konsumenten.

Steiner
Gibt es einen bestimmten Sinn, der im Rahmen des multisensorischen Marketings bevorzugt angesprochen respektive vernachlässigt wird?

Berndt
Der Sehsinn ist der wichtigste bei der Kommunikation. Deshalb haben sich Unternehmen sehr lange auf diesen Sinn beschränkt. Das Auge stellt vieles fest und leitet noch mehr daraus ab. Zum Beispiel lässt die visuelle Gestaltung von Produkten genauso wie von Werbung Rückschlüsse auf Materialien, Formen, Farben, Licht und Räumlichkeiten zu. Danach kommt der Hörsinn, der einen deutlich kleineren Teil zur Wahrnehmung einer Marke beiträgt. Akustische Reize beeinflussen sehr stark im Unterbewusstsein: Hören wir wieder und wieder das sogenannte Soundlogo, also den Jingle einer Marke, laufen in uns Prozesse ab, die klare Assoziationen zu dem schaffen, was wir mit ihr verbinden; auch wenn wir uns gar nicht bewusst mit der Werbebotschaft auseinandersetzen, sondern sie zum Beispiel beim Essen oder beim Autofahren wahrnehmen.

Gerade die Ansprache der anderen Sinne – Riechen, Fühlen, Schmecken – bietet das Potenzial, die Marke nachhaltig von ihren Wettbewerbern abzugrenzen. Dies zum einen, weil unsere Augen und Ohren bei all den Reizen, die täglich auf sie einwirken, völlig überlastet sind. Zum anderen beherzigen und beherrschen weiterhin nur wenige Unternehmen die Multisensorik in ihrer Kommunikation. Die, die es können und tun, arbeiten sich einen wichtigen Vorsprung im Kampf um die Gunst des Konsumenten heraus. Sie müssen dann auch weniger klappern und können weniger Budget einsetzen, um mehr zu erreichen. Es geht zwar meist langsamer, jedoch hat ein solches Vorgehen inzwischen weit mehr Substanz und wirkt es beim Konsumenten länger nach.

Steiner
Was sind Erfolgsfaktoren für multisensorisches Marketing?

Berndt
Die inhaltlich und zeitlich abgestimmte sinn-volle Kombination der Ansprachen aller Sinneskanäle ist der wichtigste Erfolgsfaktor: Wird der Kunde zur selben Zeit zu vielen Reizen ausgesetzt, ist er schnell überfordert. Er vertagt dann die Kaufentscheidung. Außerdem müssen alle einzelnen Maßnahmen auf die Markenidentität einzahlen, das heißt ihren Teil dazu beitragen, sie zu leben und erlebbar zu machen. Erst das erzeugt das stimmige Wunschbild im Kopf des Konsumenten. Auch gilt es zu beachten, dass die Bedeutung der Sinne je nach Branche und Produkt unterschiedlich stark ist: Bei Reinigungsmitteln und Cremes steht der Duft ganz oben, bei Autos ist es eher der Sound, bei Lebensmitteln der Geschmack. Hier kann sehr viel variiert und erreicht werden – sofern die Marketingverantwortlichen sich der Bedeutung der individuell abgestimmten multisensorischen Ansprache bewusst sind.

Steiner
Welche gelungenen Beispiele aus dem Bereich multisensorischem Marketing fallen Ihnen spontan ein?

Berndt
Das wohl bekannteste Beispiel ist der Jingle der Deutschen Telekom, der visuell durch die sich zum Takt der Musik bewegenden Quadrate

und den Magenta-Farbton verstärkt wird. Noch weiter geht BMW, nicht nur mit dem eingängigen Soundlogo am Schluss der Radio- und TV-Spots, sondern auch in der vorbildlich multisensorisch aufgebauten BMW Welt in München. Dort werden die Marken BMW, MINI und Rolls-Royce tatsächlich mit allen Sinnen wahrgenommen. Das Konzept beruht auf der außergewöhnlichen Architektur, die Inszenierung der Neuwagenabholung, der offenen Einbindung der Restaurants von preiswert bis nobel (und vor allem der Düfte aus der Küche) und die Auswahl der Veranstaltungen. Auch die zunehmenden sogenannten Flagshipstores wie zum Beispiel von Nespresso machen sich die Möglichkeit, die Marke multisensorisch zu erfahren, zu eigen.

Steiner
Gibt es spezielle Branchen, in denen multisensorisches Marketing bevorzugt eingesetzt wird?

Berndt
Sie ist in allen Branchen einsetzbar. Die Automobilbranche ist wegen der hohen Emotionalität des Produkts prädestiniert dafür. Zum Beispiel ist für die Kaufentscheidung zentral wichtig, wie ein neuer Wagen riecht. Gerade auch Dienstleister, die gar keine anfassbaren Produkte verkaufen, können damit punkten: Wie riecht Sicherheit? Wie schmeckt IT? Wie fühlt sich Beratung an?

Steiner
Welchen Stellenwert nimmt das multisensorische Marketing in der aktuellen Unternehmenspraxis ein?

Berndt
Die Unternehmen haben ihre Notwendigkeit und die Relevanz inzwischen erkannt. Bevor die Marke aber multisensorisch kommuniziert, muss sie wissen, wofür sie steht, ihre Identität auf den Punkt bringen und vor allem die Frage danach schlüssig beantworten, was sie dazu berechtigt, überhaupt am Markt zu sein. Lediglich willkürlich Duft-, Fühl- und Geschmacksmarken zu setzen springt da viel zu kurz. Nur wer weiß, welchen Sinn er über welchen Kanal mit welchem Zweck an-

spricht, wird positiv bemerkt und verschafft sich Aufmerksamkeit und Vorsprung.

Steiner
Wie sehen Sie die Zukunft von multisensorischem Marketing?

Berndt
Sie wird eine immer bedeutendere Rolle spielen. Auch neue Technologien und technische Möglichkeiten werden dafür sorgen, dass wir bald überall viel mehr riechen, schmecken und fühlen können. Es wird dann immer mehr die Kunst sein, nicht überall dabei zu sein, sondern Multisensorik so bewusst wie mehrwertig wie zielführend einzusetzen. Dafür sind Erfahrung und Umsicht notwendig; und das Wissen aller Beteiligten darum, was sie damit überhaupt bezwecken.

Ich bedanke mich für das Interview!
06.09.2021

MIX
Papier aus verantwortungsvollen Quellen
Paper from responsible sources
FSC® C105338

If you have any concerns about our products,
you can contact us on
ProductSafety@springernature.com

In case Publisher is established outside the EU,
the EU authorized representative is:
**Springer Nature Customer Service Center GmbH
Europaplatz 3, 69115 Heidelberg, Germany**

Printed by Libri Plureos GmbH
in Hamburg, Germany